So war's bei uns an Heiligabend

Geschichten & Erinnerungen an Kindertage

So war's bei uns an Heiligabend

Geschichten & Erinnerungen an Kindertage

benno

Texte
Eva Alvers / Günter Groß, Es fing an mit der Stollenbäckerei, aus: Günter Groß, Weihnachten im Osterzgebirge. Lohgerber-, Stadt- und Kreismuseum Dippoldiswalde, 1994, Archiv LOHGERBER Museum & Galerie Dippoldiswalde
Peter Biqué, Die längsten Tage des Jahres, Weihnachtstheater im Internat © Alle Rechte beim Autor
Dr. Michael von Fürstenberg, Gold, Weihrauch und Maggi © Dr. Peter Frhr. v. Fürstenberg
Marlies Habbel, Den Puppenkleiderschrank besitze ich noch heute © Alle Rechte bei der Autorin
Leni Hauger, Tage froher Erwartung © Alle Rechte bei der Autorin
Dieter Leupold, Weihnachten – Licht in widrigen Zeiten © Alle Rechte beim Autor
Hermann Multhaupt, Der doppelte Nikolaus, Das Schuco-Auto © Alle Rechte beim Autor
Anton Riesel, Als man sich noch über ein Schälchen Kaffee freute © Antonius Riesel
Rosemarie Ritzen, Zum Glück gab es eine Sonderzuteilung © Birgit Austermann
Margarete Scholz-Buchmann, Ärmer als Maria und Josef © Alle Rechte bei der Autorin
Johanna Wagner, Vom Kurrendesingen in Hartenstein © Irene Jung
Der Verlag hat sich bemüht, alle Inhaber von Textrechten ausfindig zu machen. Für weitere Hinweise sind wir sehr dankbar.

Illustrationen
Schneeflocken: © adobe.stock.com/ snyGGG, S.7, 14, 36, 41, 60, 65, 81, 88, 91, 99: © Melok/ Shutterstock; S. 11, 74, 119: © adobe.stock.com/ Natalya Levish; S. 20: © Macrovector/ Shutterstock; S. 28: © Yana Fefelova/ Shutterstock; S. 33, 47, 122, 126: © adobe.stock.com/ Maria Epine; S. 43, 69, 85, 101, 105, 110, 113: © adobe.stock.com/ logaryphmic; S. 76: © Bodor Tivadar/ Shutterstock

Bibliografische Information der Deutschen Nationalbibliothek
Die Deutsche Nationalbibliothek verzeichnet diese Publikation in der Deutschen Nationalbibliografie;
detaillierte bibliografische Daten sind im Internet über http://dnb.d-nb.de abrufbar.

Besuchen Sie uns im Internet unter:
www.st-benno.de

Gern informieren wir Sie unverbindlich und aktuell auch in unserem Newsletter zum Verlagsprogramm, zu Neuerscheinungen und Aktionen.
Einfach anmelden unter www.vivat.de.

ISBN 978-3-7462-6447-9

Umschlaggestaltung: Rungwerth Design, Düsseldorf
Umschlagabbildung: © picture alliance/dpa/Heinz-Jürgen Göttert (Foto),
© Rodina Olena/Shutterstock (Rahmen)
Gesamtherstellung: Kontext, Dresden (A)

INHALT

Leni Hauger, Tage froher Erwartung 7
Eva Alvers, Es fing an mit der Stollenbäckerei 11
Franz J. Mertz, Ein „Böckchen“ ergab einen Minusstrich 14
Dorothea Hahne, Weihnachten bei uns zu Hause 20
Werner Trienens, Eine elektrische Eisenbahn gab's nur in meinen Träumen 28
Brigitte Schneider, Königsberger Marzipan 33
Johanna Wagner, Vom Kurrendesingen in Hartenstein 36
Marianne Rosemann, Um fünf Uhr ging's zur Uchte 41
Marlies Habbel, Den Puppenkleiderschrank besitze ich noch heute 43
Dieter Leupold, Weihnachten – Licht in widrigen Zeiten 47
Sr. Angardis Frerix SSpS, Kleine Geschenke – und doch reich beschenkt 60
Therese Heger, Es gab Mettwurst und Schinkenbrote 65
Dorothea Raub, Weihnachten 1945 69
Rosemarie Ritzen, Zum Glück gab es eine Sonderzuteilung 74
Anton Riesel, Als man sich noch über ein Schälchen Kaffee freute 76

Brigitte Lange-Helms, Es roch nach Wald und Erde 81
Gertrud Skalecki, Ich hätte jubeln können ... 85
Margarete Scholz-Buchmann, Ärmer als Maria und Josef 88
Hermann Multhaupt, Der doppelte Nikolaus 91
Hermann Multhaupt, Das Schuco-Auto 99
Marianne Zieger, Im Nachthemd bei eisiger Kälte auf der Straße 101
Resi Vahle, Das Nadelkissen war aus dem Vorderteil der Gasmaske 105
Therese Schulte, Printen unter dem Heu versteckt 110
Dr. Michael von Fürstenberg, Gold, Weihrauch und Maggi 113
Ute Mahon, Christkindchen backt 119
Peter Biqué, Weihnachtstheater in Internat 122
Peter Biqué, Die längsten Tage des Jahres 126

Leni Hauger

TAGE FROHER ERWARTUNG

Auf die Adventszeit blicke ich schon so viele Jahrzehnte zurück! Den Advent verbinde ich heute noch mit den Farben Rot und Grün. Während man die heutigen Adventskränze und Gestecke mit unterschiedlichen Bändern und Kerzen schmückt, gab es damals nur rote Kerzen und ebensolches Band, das sich auf dem Grün der gebundenen Tannenzweige sehr warm ausnahm. Für mich zieht sich gleichsam ein roter Faden bis in die heutige Zeit.

Der Advent mit der Vorfreude auf das Christfest war angefüllt mit Heimlichkeiten, denn es war üblich, die Geschenke für die Angehörigen und Freunde selbst zu fabrizieren. Nicht immer war es leicht, in den doch nicht eben großzügigen Wohnräumen ein sicheres Versteck zu finden. Und wenn nicht die Basteleien weitgehendst unter Anleitung unserer guten Gemeindeschwester getätigt worden wären, hätten wir in der Wohnung kaum einen verborgenen Ort zur Bewältigung der Arbeiten gefun-

den. Wichtig war auch das Plätzchenbacken, das stets gemeinsam mit meiner besten Freundin und deren Mutter einmal bei uns und einmal bei dieser stattfand.
Da wir im selben Haus wohnten, zog der köstliche Duft durch den Flur in alle Etagen und beglückte die kinderlosen Mitbewohner, die natürlich immer mitbedacht wurden. Kummer und Angst bereiteten uns Mädchen allabendlich die Besuche des Knecht Ruprecht, der, unsichtbar für uns furchtsam auf dem Sofa kauernden Mädchen, Hände voll Nüsse durch den Türspalt warf, begleitet von furchterregenden Geräuschen. Dass es die beiden älteren Brüder meiner Freundin waren, wussten wir ja nicht. Allerdings hatten diese beiden Lausbuben als Laubsägearbeit einen wunderbaren Stern gesägt, auf dem vier niedliche Engel eine Kerze trugen, umrahmt von Tannengrün und Bändern. So sangen wir, wieder im Wechsel der Wohnungen, jeden Abend gemeinsam die wunderschönen Adventslieder, und hin und wieder gab es Kostproben in Form von missratenen Plätzchen. Ansonsten waren Süßigkeiten in der Adventszeit tabu. Da wir ohnehin recht karg gehalten wurden mit derlei Köstlichkeiten und in der Kriegs- und Nachkriegszeit sowieso Schmalhans Küchenmeister war, kamen wir kaum in Versuchung, derartige „Sünden“ zu begehen. Aber wundersamerweise zauberten unsere Mütter immer wieder Gebäck aus

den begrenzten Zuteilungen, das leider jeden Abend vom Christkind abgeholt wurde.
Zu unserer großen Freude fanden sich die Köstlichkeiten stets auf den eigenen Tellern zum Fest wieder ein! Und was neue Garderobe betraf, griffen die Mütter dem Christkind auch fleißig unter die Arme, sodass immer noch etwas unter dem Baum lag, was besonders uns Mädchen schöner machte.
Wichtig war allerdings unser Verhalten während des ganzen Jahres, was uns in der Adventszeit ganz besonders ins Bewusstsein rückte. Ob dadurch die himmlische Buchführung noch zu beeinflussen war, wage ich wohl zu bezweifeln – da musste oft der gute Wille für die Tat herhalten. Aber das Christkind hatte offenbar Verständnis für gelegentliche „Entgleisungen".
Natürlich kam auch das kirchliche Pflichtbewusstsein nicht zu kurz. Und oft mussten wir das Schlittenfahren unterbrechen, weil die Glocken zum Gottesdienst riefen. Und am frühen Morgen aus dem warmen Bett hinaus zu müssen in die Kälte, den Schnee und die Dunkelheit, das waren in unseren Augen auch Opfer, die Pluspunkte im goldenen Buch des Nikolaus und des Christkindes einzubringen versprachen. Disziplin, Entsagen, Überwinden, all diese Begriffe passten so recht in die vorweihnachtlichen Pflichtübungen. Doch das waren für uns und unsere elterlichen Vorbilder keine Probleme.

Und wenn wir dann am Weihnachtsmorgen schon weit vor fünf Uhr geweckt wurden für die Christmette, meistens durch den frisch gefallenen Schnee stolperten, drei Messen (!) mitfeiern mussten – Engelamt, Hirtenamt und die Tagesmesse –, dann wussten wir, dass danach das große Warten ein Ende hatte und wir die wenn auch meistens spärlichen Geschenke vorfanden.
Und einen Kuchen zum Frühstück, ja, den gab es nur zu Weihnachten. Dass der Christbaum, der am Abend zuvor noch nicht existiert hatte, nun in voller Pracht dastand und einen Großteil unseres ohnehin nicht großen Zimmers einnahm, das war wohl das Schönste von allem. Engelhaar und Lametta waren neben dem anderen Flitter sehr dekorativ. Und die Spritzer der Wunderkerzen, die wir beim Aufsagen des Weihnachtsgedichtes in Händen hielten, die spürten wir nicht vor lauter Begeisterung und Rührung und vor Freude über den farbenfrohen Baum.
Meine Kinder und Enkel haben zwar nicht das Gleiche, aber doch Ähnliches erleben dürfen. Ob es das heute noch gibt, bezweifle ich. Aber ich möchte diese oftmals sehr bescheidene Zeit nicht aus meinem Leben streichen. Sie trägt zu meiner heutigen Dankbarkeit bei.

Eva Alvers

ES FING AN MIT DER STOLLENBÄCKEREI

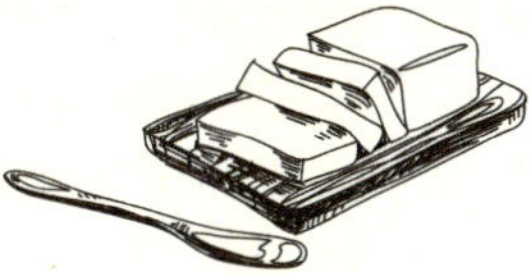

Es fing an mit der Stollenbäckerei, im November vereinbarte man beim Bäcker den Backtermin, der dann zwischen dem Totensonntag und der vierten Adventswoche lag. Oft war es an einem Wochenende, denn da war die Backstube frei.
Am Abend vor dem Backtag wurden Rosinen verlesen, gewaschen durften sie nicht werden, nur mit einem sauberen Tuch abgerieben. Es wurden süße und bittere Mandeln gebrüht, abgezogen und mit dem Wiegemesser zerkleinert, Citronat sowie Orangeat geschnitten, Zucker und Butter abgewogen. Das Mehl gab der Bäcker wegen der gleichmäßigen Temperatur in der Backstube. Am Backtag früh wurde dann noch die Milch warm gemacht. Alles trug man in einem Wäschekorb zum Bäcker. Meine Mutter band sich eine große weiße Schürze um, sie hatte große Falbeln an den Armlöchern. Viele Frauen waren beim Bäcker schon versammelt und erzählten sich alles Mögliche und

Unmögliche, jedenfalls war es ein richtiges Geschnattere. Der Bäcker nahm sich alle Zutaten, und wenn er sich beim Kneten des Teiges mal umdrehte, wurde heimlich noch ein Stück Butter in den Teig geworfen, damit der Stollen recht schön schwer werde. Dann fragte der Bäckermeister, ob man den Stollen gerissen oder übergeschlagen haben wollte. Beim gerissenen Stollen war die Butter- und Zuckerschicht obendrauf dicker. Zuletzt wurde ein Stück weggenommen für einen runden Kuchen, ich glaube, geriebene, gekochte Kartoffeln gehörten noch rein. Die ganze Herrlichkeit bekam Holzschildchen, auch Stollenzeichen genannt, eingesteckt, denn jede Frau wollte natürlich ihren, den besten Stollen, haben. Abends wurde der fertige Stollen geholt und kam in den Keller in eine Holzwaschwanne.

Der Anschnitt erfolgte traditionsgemäß erst am ersten Feiertag, nur der runde Kuchen wurde sofort noch am Abend probiert. Stollenkosten war auch üblich bei Bekannten und Verwandten. Je mehr Stollenkosten, desto besser geht es uns im nächsten Jahr, aber man soll es nicht so übertreiben wie es das erzgebirgische Heilig-Abend-Lied sagt, das wir übrigens auch schon in unserer Kinderzeit sangen:

„Mer ham a sachzn Butterstulln so lang wie de Ufnbank, un wenn mer die zsamm gassn ham, do sei mer alle krank." Beim Transport vom Bäcker nach Hause durfte kein Stollen zerbrechen, ein Aberglaube besagt, dass dies sonst Unglück bringt.

(Aufgezeichnet von Günter Groß)

Franz J. Mertz

EIN „BÖCKCHEN" ERGAB EINEN MINUSSTRICH

Wenn ich an Weihnachten in meiner Kinderzeit denke, so gehen meine frühesten Erinnerungen wohl nach G. zurück. Weihnachten! Das fing an mit dem ersten Advent. Irgendwer brachte frisches Tannengrün vom Markt mit, und unter der Regie des Kindermädchens – später meiner ältesten Schwester – entstand der Adventskranz, der im Kinderzimmer auf den großen runden Spieltisch gelegt wurde. Am ersten Adventssonntag nach dem Kaffeetrinken, wenn es schon schön dunkel war, kam meine Mutter zum Adventssingen zu uns herauf. Wir alle, ein großer Geschwisterkreis, saßen gespannt um den Tisch, und es wurde das erste Lichtchen angezündet. Und dann wurden alle alten Weihnachtslieder aus dem Gedächtnis hervorgekramt, zuerst noch sehr zögernd „Alle Jahre wieder ...", „Oh, du fröhliche ...", „Am Weihnachtsbaum die Lichter brennen ..." usw. „Stille Nacht, heilige Nacht" kam erst am letzten Advent dran. Meist mussten die Erwachsenen uns erst noch einmal die Texte, wenigstens die zweiten, dritten und vierten Strophen vorsagen, die seit dem letzten Jahr längst vergessen waren. Aber es sollte ja eben Übung sein, damit es Weihnachten schön klappte.

Musikalisch waren wir alle nicht, aber mit Eifer dabei. Wenn die Stimmen nicht mehr recht mittun wollten, hieß es: „Mutti, den ‚Schneemann'! Ach ja, lies uns doch den ‚Schneemann' vor!" Den hatte meine Mutter natürlich längst herausgesucht und mitgebracht. Wir selber bekamen ihn nie in die Finger – dann wäre er ja auch nichts Besonderes mehr gewesen, jedoch gehörte er einfach dazu!

Der „Schneemann", das war ein Buch aus der Kinderzeit meiner Mutter (um 1880–90), ein großer, bunter Schneemann zierte den Buchdeckel, das ganze Buch war in Schneemann-Form geschnitten. Einen Titel oder Verfasser hatte es nicht. Es fing einfach an: „Winter ist's, heller glitzernder Winter. Schlitten heraus, Kinder!" Und dann folgte eine rührende Geschichte von einem Schloss, wo Zwillinge, zwei Buben, aufwuchsen, beide sehr musikalisch, der eine aber still, der andere sehr lebhaft. Als dann einmal Zigeuner durch das Land zogen, konnte der lebhafte von der Zigeunermusik nicht genug bekommen, immer schlich er mit seiner Geige in das Lager – und dann war er mit den braunen Gesellen verschwunden. Seitdem lag die Gräfin-Mutter krank zu Bett.

Die Kinder im Dorf bauten, nachdem sie genug gerodelt hatten, einen großen Schneemann. Der war dann die Hauptperson, als in der Nacht zum Heiligen Abend ein zerlumptes Bürschchen sich zu seinen Füßen bettete. Der Schneemann beugte sich über ihn, um ihn zu wärmen, und der große Bernhardiner im Schloss zerrte so lange heulend an seiner Kette, bis man ihn freiließ. Auch er legte sich zu Füßen des Schneemanns. Natürlich war es der kleine Grafensohn, der so gerettet wurde und am Weihnachtsabend wieder nach Hause kam.
Wir kannten die Geschichte genau, aber jedes Jahr war es die gleiche Spannung, mit der wir lauschten. Die Geschichte war gerade so lang, dass sie für die vier Adventssonntage reichte. Außerdem hatte dieses Buch eine Geschichte. Wie schon gesagt, gehörte es in die Kindheit meiner Mutter, und sie hatte es immer behalten, bis es bei einem der vielen Umzüge meiner Eltern mit einer Bücherkiste verschwand. In jeder Buchhandlung, in der sie fragte, hieß es: „Nein, ohne Titel, Verfasser oder Verlag kann man das Buch nicht suchen oder wieder beschaffen."
Dann kam der Erste Weltkrieg. Für arme Kinder wurde altes Spielzeug gesammelt, das die Rekonvaleszenten in den Lazaretten wieder in Ordnung brachten. Auch meine Mutter besuchte die Ausstellung in der Woche vor Weihnachten, und als sie

an den Bücherstand kam, wer leuchtete ihr da entgegen? Der „Schneemann“! Sie bestürmte die Leiterin, sie möchte ihr dieses Buch verkaufen, aber es hieß: „Das dürfen wir nicht, die Sachen sind als Geschenke für die Kinder gestiftet worden.“ Nach längeren Verhandlungen, wohl unterstützt von einer größeren Spende, bekam sie wirklich den „Schneemann“ wieder. Darum wurde er so gehütet, aber das Schicksal wollte es anders.
Wieder war Krieg, wieder waren meine Eltern umgezogen. Meine Mutter hatte einen Abstellraum gemietet für Dinge, die sie nicht mitnehmen, aber behalten wollte. Hier stand auch ein Schrank mit Büchern. Als die Bomben überall den Wohnraum reduzierten, kam ein Erlass, dass kein Raum „fremd“ verwertet werden durfte. So wurde dieser Schrank zu meinem ältesten Bruder nach Oberschlesien geschickt, um später durchgesehen zu werden. Dazu ist es nie mehr gekommen. Dafür kamen die Russen, und was aus den Sachen geworden ist, bleibt ein großes Fragezeichen.
Am ersten Advent wurde auch das Krippchen im Hausflur aufgestellt. Wir hatten keine Figurenkrippe, sondern eine etwa 40 cm große richtige Holzkrippe, und davor lag ein Bündel Strohhalme. Wer nun in der Adventszeit ein „Öpferchen“ gebracht hatte, durfte einen Strohhalm in die Krippe legen. Die Opfer brauchten keine großen Dinge zu sein,

nur etwa: abends sofort und ordentlich die Spielsachen wegräumen, ohne zu maulen, freiwillig die besondere Kindernahrung für das jüngste Schwesterchen von der Kinderklinik holen – ein Weg, den wir alle hassten –, morgens gleich aufstehen, wenn geweckt wurde, oder ganz still etwa essen, was man eigentlich nicht mochte. Alle im Haus beteiligten sich daran, damit das Christkind am Heiligen Abend recht weich auf diesen Strohhalmen liegen sollte.

Außerdem gab es noch den „Artigkeitszettel“, auf dem jeden Abend von unserem Kindermädchen die jeweilige „Artigkeit“ des Tages zensiert wurde – normalerweise ein Kreuz. War eine Verwarnung nötig gewesen, ein halbes Kreuz. Ein „Böckchen“ oder eine Frechheit ergab einen Minusstrich – und wenn es ganz schlimm kam, zwei Minusstriche. Dafür gab es aber auch besonderes Lob – zwei Kreuze. Ich erinnere mich noch, dass meine Schwester und ein Bruder sich mal fürchterlich in der Wolle hatten, bis sie beide heulend vor meiner Mutter erschienen. An diesem Abend gab es für beide Minusstriche. Doch in der nächsten Zeit räumten sie jeden Abend freiwillig die Spielsachen der jüngsten Geschwister ein, die dafür noch zu klein waren, und bekamen Pluspunkte. „Artigkeitszettel“ wurden auch dem Nikolaus zur Kenntnis auf den Tisch gelegt. Am 5. Dezember schrieben wir unsere Wunschzettel, hängten sie unter die Lampe und stellten leere Teller auf den Tisch in der stillen Hoffnung, dass der heilige Mann etwas Gutes drauftun würde. Groß war dann die Überraschung am nächsten Morgen, wenn die Wunschzettel verschwunden, die Teller aber voll süßer Sachen waren. Zuweilen schrieb der Nikolaus auch einen gereimten Brief dazu mit Lob oder Ermahnung.

Genau erinnere ich mich an Weihnachten 1918, als meine Schwester und ich für ein halbes Jahr in ein Kinderheim an die See verschickt worden waren. Wir sollten Weihnachten nach Hause kommen, aber ich bekam Keuchhusten, und dann brach eine Windpockenepidemie aus. Wir waren beide krank, und an eine Heimreise war nicht zu denken. Die Nordsee war zugefroren, sodass kein Schiff fahren konnte. So kam keine Post von zu Hause. Und ich hatte bis dahin noch ganz fest an das Christkindchen geglaubt. Das war ein bitteres Weihnachtsfest ...

Dorothea Hahne

WEIHNACHTEN BEI UNS ZU HAUSE

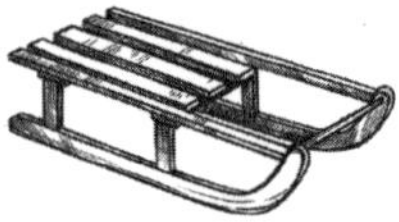

Von dem Vorweihnachtszauber, der mit seinem Duft nach Lebkuchen, Plätzchen und Tannengrün die Wohnung durchzieht, Kinderherzen höher schlagen lässt, Erwachsene milde stimmt und alles mit einem sonst nicht gewohnten Glanz erfüllt, haben wir sechs Geschwister eigentlich wenig gespürt. Unsere Eltern hatten in Breslau eine sehr gut gehende Fleischerei, und da bringt ja gerade die Vorweihnachtszeit die meiste Arbeit mit sich. Da hatte unsere Mutter wenig Zeit, mit uns Weihnachtslieder zu singen, Kerzen anzuzünden, bunte Teller mit Lebkuchen, Äpfeln, Nüssen usw. bereitzustellen und mit uns besinnliche Dunkelstunden zu feiern. Aber das eine weiß ich noch, und es erfüllt uns alle heute noch mit Dankbarkeit und Bewunderung, dass sie es trotz aller vieler Arbeit verstanden hat, uns diese erwartungsfrohe Zeit unvergesslich zu machen, alle Heimlichkeiten zu fördern und immer half, Geschenkideen zu verwirklichen. Wenn es dann aber hieß: „Heute fährt Mutter mit Tante Minna (ihrer Schwester) in die Stadt, um Weihnachtseinkäufe zu machen", dann wussten wir alle, dass der Heilige Abend nicht mehr fern war. Wie sie dies alles verkraftet hat und wie viel zusätzliche Arbeit ihr Kopf dabei geleistet hat, ist uns allen heute noch ein Rätsel, denn außer unserer großen Familie waren ja Geselle, Verkäuferin, Hausmädchen und Lehrling zu bedenken.

Der Heilige Abend brachte für uns Kinder noch eine zusätzliche Freude, denn nur an diesem Tag durften wir so viel von den traditionellen weißen und geräucherten Würstchen essen, wie wir wollten (und konnten!), denn sonst wurde uns die Wurst zugeteilt. Muss ich da extra noch betonen, dass es meine drei Brüder zu ungeahnten Rekorden brachten? Schon tagelang wurde diskutiert, ob es besser wäre, vorher viel zu essen, um den Magen auszudehnen, oder wenig, damit der Hunger recht groß wäre.

Bis abends um 18 Uhr war das Geschäft geöffnet, d. h. um diese Zeit kamen schnell immer noch Kunden einkaufen, wenn die schon geschlossene Tür beim Herausgehen geöffnet wurde. Kühlschränke, wie heute in jedem Haushalt, gab es ja damals nicht. Da wurde die letzte Stunde schnell noch genutzt. – Vater war immer froh, wenn die weißen Würstchen gereicht hatten, denn oft muss-

te noch zwei- bis dreimal nachproduziert werden. Und wir Kinder waren froh, dass Mutter immer rechtzeitig unsere Menge sichergestellt hatte. In einem Jahr war diese nämlich verkauft worden, vielleicht an besonders gute Kunden, da war unsere Weihnachtsfreude recht getrübt!
Ja, und dann wurde endlich die Ladentür verschlossen, Mutter war in die Küche verschwunden, um das Abendessen zu bereiten. Salzkartoffeln und Sauerkraut waren schon gekocht, aber ihre eigene Kreation, die „Heilig-Abend-Soße“, war ihre heilige Domäne, da ließ sie niemanden an den Herd.
Bereitwillig halfen wir Kinder beim Reinigen des Geschäftes, wuschen die Wurstplatten usw. ab, denn es musste ja alles blendend sauber sein, wenn nach den Feiertagen wieder geöffnet wurde.
Vater war wohl in jedem Jahr der letzte Kunde bei dem Friseur in der Nachbarschaft und kam wieder, frisch rasiert, mit bestem Haarschnitt versehen, Kraft, Freude und Dankbarkeit ausstrahlend über das gute Weihnachtsgeschäft und die bevorstehenden, ruhigen und gemütlichen Feiertage.
Das lang ersehnte Abendessen verlief voller Harmonie in großer Familienrunde und mit allen Angestellten. Sie waren auch die Ersten, die, dankbar strahlend, mit reichlichen Weihnachtsgaben versehen, heimwärts zu ihren Angehörigen aufbrachen. Nur wir Kinder harrten immer noch ungedul-

dig auf den großen Augenblick der Weihnachtsbescherung. Es war ja auch inzwischen bestimmt schon 21 Uhr geworden, und wir malten uns aus, wie in anderen Familien die Kinder bereits mit ihren Geschenken spielten oder in den neuen Büchern lesen konnten. Ich, als Jüngste, war oft dem Einschlafen nahe oder schlummerte schon in einer Ecke. Vater und Mutter hantierten im Wohnzimmer. Wir hörten es rascheln und knistern von Papier und Tüten, hörten sie miteinander reden; aber nur am Anfang ihrer geheimnisvollen Tätigkeit. Unser Vater war nach aller Arbeit, der Kälte im Geschäft und der plötzlichen Wärme im Zimmer vom Schlaf überfallen worden. Und nur unsere unermüdliche Mutter holte immer noch versteckte Geschenke für uns aus Schränken und geheimen Ecken hervor.

Um uns diese lange Wartezeit zu verkürzen und interessant zu gestalten, hatten wir sechs uns eine nette Art des gegenseitigen Schenkens ausgedacht – unsere „Kindereinbescherung“! Es ging dem Alter nach und begann entweder bei meinem ältesten Bruder oder bei mir, als Jüngster. Die anderen Geschwister mussten das Zimmer verlassen, und der Schenkende baute auf dem Tisch rundherum für die draußen Wartenden seine Gaben auf, kleine Dinge, Kamm, Seife, ein kleines Buch usw. Dann wurde das Licht gelöscht, im Dunkeln jeder an seinen Platz geführt und immer wieder eingeschärft, dass vorzeitiges Fühlen auf dem Tisch streng verboten wäre. Wenn dann der Schenkende das elektrische Licht einschaltete, brach jedes Mal so ein Freudengeschrei los, dass beim ersten Mal unser schlafender Vater aufwachte und nachschauen kam, weil er dachte, wir würden uns gegenseitig verprügeln. Das wiederholte sich nun so oft, bis jeder von uns sechsen einmal der Schenkende und fünfmal der Beschenkte war. Es gab viel Spaß und Freude dabei, zumal sich im Laufe der Jahre auch einige amüsante Episoden ergaben. Da aß z. B. eine Schwester so gerne Marzipan, und unser jüngster Bruder bedachte sie mit einem rosigen Marzipanschwein, das ein Geldstück aus Schokolade in der geöffneten Schnauze stecken hatte. Wir hatten aber in dem Jahr ausgemacht, dass jedes Geschenk nur 50 Pfennige kosten darf. (Das war ja damals viel Geld für uns!) Da das Schwein aber ein recht stattliches sein sollte, war der Preis höher und betrug wohl 75 Pfennige. Was machte mein pfiffiger Bruder, nachdem er das Geschenk überreicht hatte? Er biss einen Hinterschinken ab und meinte, dass es nun wohl den vorgeschriebenen Preis haben würde. Und so saß das arme Schwein statt auf seinem Schinken auf einem Hölzchen und war traurig anzusehen. – Ich hatte einmal tolle Geschenke eingekauft, und da wir ja in dem Stadtteil bestens bekannt und kreditwürdig waren, konnte ich es mir erlauben, in den Geschäften zu sagen: „Meine Mutter kommt es nach Weihnachten bezahlen!" Da war ihre Freude sicher riesig! Und dann war es endlich so weit! Vater ließ sein „Ihr Kinder, bringt mir einmal die Streichhölzer!" ertönen. Da konnten wir endlich einmarschieren, ich als Jüngste zuerst. Nie werden wir alle den Augenblick vergessen, wenn unsere Eltern glücklich, Hand in Hand, auf dem Sofa saßen, Vater mit seinen roten Weihnachtsapfel-Wangen (durch Kälte und Wärme) und wir sechs mit strahlenden Gesichtern vor ihnen standen. – An einem Weihnachtsfest bekam Mutter von uns ein elektrisches Bügeleisen geschenkt. An meinem Hals hing der Stecker herab, und um den Hals eines jeden von uns war die Schnur gewickelt. Mein ältester Bruder hielt dann das Eisen in der Hand.

Der große ausgezogene Wohnzimmertisch, auf dem jedes seinen Platz hatte, brach immer fast zusammen von den vielen Geschenken, obwohl Mutter in jedem Jahr versicherte, dass es diesmal bestimmt nicht viel geben würde. – In dem einen Jahr wünschten wir beiden Jüngsten uns einen Rodelschlitten. Wir besaßen zwar einen, aber der war so klein, dass wir oft den Spott anderer Kinder ertragen mussten. Wie groß war unsere Freude, als wir unterm Tische, hinter der herunterhängenden großen weißen Tischdecke, einen prächtigen Schlitten entdeckten. Er war aus hellem Holz und so groß, dass nicht nur wir zwei, sondern auch noch ein oder zwei Nachbarskinder Platz gehabt hätten. Vor Glück und Stolz saßen wir beide den ganzen Abend und auch noch oft während der Feiertage darauf. Leider gab es in den folgenden Wochen keinen Schnee, sodass wir das Prachtstück auf der Straße nicht einmal vorführen konnten.

Es waren glückliche Stunden für uns alle, die große Müdigkeit war bei jedem verflogen beim Inbesitznehmen der vielen herrlichen Dinge, beim gegenseitigen Betrachten und Mitfreuen über die Geschenke.

Dann las Vater aus der Bibel die Weihnachtsgeschichte vor, unser Familienorchester gab ein Ständchen (wir musizierten alle sechs, vierhändig Klavier, drei Geigen, eine Flöte), es wurden Weihnachtslieder gesungen, Nüsse geknackt und die schlesische Spezialität, die Mohnklöße, probiert. Das Bedanken und die Freude wollten schier kein Ende nehmen.

Wir sechs Geschwister leben noch heute alle, haben Kriegs- und Nachkriegswirren, Ausweisung und Flucht, Gefangenschaft und Trennung überstanden und sind in ganz Deutschland verstreut. Wir haben zusammengerechnet in diesem Jahr das stolze Alter von 464 Jahren erreicht. Aber wenn

wir uns bei Geburtstagen oder anderen Jubiläen treffen, Weihnachten ist stets im Gespräch, und es heißt immer:
„Wisst ihr noch, als ... ?“

Werner Trienens

EINE ELEKTRISCHE EISENBAHN GAB'S NUR IN MEINEN TRÄUMEN

Weihnachten begann für mich eigentlich schon, wenn auf dem Karlsplatz in der Nähe der Markkirchschule (die Schule hieß früher „Markkirchschule", im Dienstsiegel: „Markkircher Schule Paderborn"), die ich seit 1931 besuchte, die ersten Weihnachtsbäume angeboten wurden. Schließlich durfte ich mit Vater dem Christkind helfen, den Baum auszusuchen. Dann fing in meinen Kindertagen für mich Weihnachten an. Den heute so übertriebenen Rummel der Geschäftswelt anlässlich des Geburtsfestes unseres Herrn kannten wir noch nicht. Zwar waren auch an einigen Sonntagen – silberner und goldener Sonntag – einige Geschäfte geöffnet; schließlich wollten ja auch unsere Eltern gemeinsam für das Fest einkaufen können. Die sechs Wochentage waren Arbeitstage von früh bis spät.

Und zu Hause? Adventskranz, Adventskalender – dieser Brauch kam gerade mal auf, und bei dem

bescheidenen und sparsamen Leben unserer Eltern gaben sie dafür kein Geld aus. Mutter sang schon mal mit uns Kindern „Leise rieselt der Schnee“ und „Tauet Himmel“. Dabei blieb es auch, zumal sich der Schatz an „weltlichen Adventsliedern“ auf „Freue dich, Christkind kommt bald“ beschränkte. Weihnachtlich duftete es im Haus, wenn die ersten Plätzchen gebacken wurden: Spritzgebäck. Ich durfte den Fleischwolf drehen, aber Vorsicht: die Finger! „Mutter, die Stube ist abgeschlossen!“ Selbst das Schlüsselloch war von innen verhangen. Meine neugierigen Blicke sollten das Christkind nicht bei den weihnachtlichen Vorbereitungen stören. Die gute Stube – nur zu Weihnachten und an besonderen Familienfesten wurde sie benutzt.
Das Christkind kam bei uns am Morgen des ersten Feiertages. So blieb am Heiligen Abend Zeit, und Vater nahm mich an die Hand zu einem Spaziergang in die Stadt. Mutter konnte dann schon einige Vorbereitungen treffen. Auf dem Rathausplatz stand ich ganz ergriffen vor der hohen Tanne mit den vielen elektrischen Kerzen. Mit zahlreichen Paderbornern lauschten wir den weihnachtlichen Weisen, die von einem Männerchor vorgetragen wurden.
Bei unserem Stadtbummel besuchten wir auch die Herz-Jesu-Kirche. Hoch vom Turm erklangen Weihnachtslieder einer Bläsergruppe. Turmblasen,

an das ich mich heute noch gern erinnere. Zudem störte uns kaum Verkehrslärm bei unserem fast andächtigen Zuhören. Schneeflocken fielen, und auf dem Heimweg läuteten die Kirchenglocken das Fest ein.

Am ersten Weihnachtstag nahm mich Mutter mit zur Christmesse um 5 Uhr in die Herz-Jesu-Kirche. Strahlender Lichterglanz, das Brausen der Orgel, der Gesang des Pfarrers: „Gloria in excelsis Deo", das ganze Gotteshaus gefüllt mit fröhlichen Menschen, die aus Leibeskräften sangen „Auf, Christen, singt festliche Lieder". Das war Weihnachten. Dreimal durfte der Priester früher das heilige Opfer am ersten Weihnachtstag feiern. Mutter und ich blieben in der Engelmesse und in der Hirtenmesse. Bei Letzterer – das muss ich gestehen – beschäftigten sich meine Gedanken mehr mit der baldigen Bescherung.

Wieder zu Hause. Der Ofen im Weihnachtszimmer musste noch angeheizt werden. Wir warteten auf Oma von nebenan. Das Frühstück schnell aus der Hand, dann läutete das Christkind. Eintreten ins Weihnachtszimmer. Auch heute noch finde ich keine Worte für das, was mich damals bewegte: der Christbaum und die brennenden Kerzen, die bunten Kugeln, das glänzende Lametta und die Süßigkeiten, mit denen der Baum geschmückt war. Ja und das Engelshaar, heruntergezogen von

der Baumspitze bis zum Fuß. Der Christbaum ist der schönste Baum. War das Vögelchen, dem im vorigen Jahr der Schnabel abgebrochen war, auch wieder auf seinem Platz? Unsere Krippe mit Maria und Josef und dem Jesuskind. Gab es etwas Neues dazu?
Es war Weihnachten. Eine kleine Feier mit meinem Gedicht, in der Schule bei Fräulein Kappelhoff gelernt: „Als zu Bethlehem im Stalle". Weihnachtslieder, nicht immer in der richtigen Tonlage, aber aus lauter Freude von Herzen kommend. Und jetzt ein Blick auf die Spielsachen.
Ich erinnere mich noch an eine Eisenbahn, keine elektrische, die gab's nur in meinen Träumen. Sie stand nicht einmal auf meinem Wunschzettel, sie war den Kindern der Wohlhabenden vorbehalten. Meine Lokomotive musste ich mit einem Schlüssel aufziehen, sie zog zwei oder drei Wagen auf einem Schienenkreis, der auf dem Küchentisch Platz hatte. Einen Bahnhof und einen Tunnel gab's noch dazu. Wie glücklich war ich mit dieser Eisenbahn. Zu den Geschenken gehörte natürlich auch der Weihnachtsteller. Er war gefüllt mit Gebäck, Nüssen, Feigen, Süßigkeiten – so wie heute, nur nicht so üppig. In den 1930er Jahren waren die Menschen bescheidener, und sie verlebten trotzdem ein frohes Weihnachtsfest. Das Christkind meiner Kindheit dachte auch ganz praktisch, „was zum Anziehen",

ein Paar dicke Wollsocken für den Winter. Mutter hatte sie persönlich in aller Heimlichkeit gestrickt. Die Feiertage verbrachte die Familie zu Hause. Für frische Luft sorgte ein Spaziergang, verbunden mit einem Krippenbummel zu verschiedenen Kirchen der Stadt. Ein Weihnachtsfest, das noch lange nachklang, über den Dreikönigstag hinaus, der damals noch ein Feiertag war, bis hin zum 2. Februar. Mariä Lichtmess war das Ende der Weihnachtszeit, gemischt mit Fröhlichkeit, wenn wir den Christbaum plünderten, der eigens noch mal mit Süßigkeiten behangen war. Auch die Krippe wurde eingepackt. Viele Jahre später. Auf meine Bitte hin sollten Baum und Krippe bis zum Lichtmesstag stehen bleiben. Schließlich würde ich noch im Januar aus dem Lazarett entlassen und meinen Genesungsurlaub bekommen. Am 17. Januar 1945 erlebte ich dann den Bombenangriff auf Paderborn. Der Luftdruck hatte nicht nur Dachziegel und Fensterscheiben zertrümmert; er hatte auch Krippe und Christbaum gründlich abgeräumt.

Brigitte Schneider

KÖNIGSBERGER MARZIPAN

In den verschiedenen Phasen meines Lebens hat es auch verschiedene und unterschiedliche Weihnachtsfeste gegeben. Die schönsten waren wohl die meiner frühesten Kindheit. Die Geschenke für uns drei Mädchen – sechs, vier und ein Jahr alt – fertigten unsere Eltern mit viel Liebe selber an. Ich sehe mich noch vierjährig vor dem Tannenbaum stehen, staunend die Kerzen, Kugeln und Zuckerkringel bewundernd. Ein Duft von Tannen, Kerzen und Pfefferkuchen erfüllt die Stube. Aber dann dumpfe Schläge an der Tür. Ängstlich verstecken wir uns hinter der Mutter, während Papa die Tür öffnet. Der Weihnachtsmann steht davor – er brachte bei uns in Westpreußen die Geschenke –, und Papa lässt ihn in die Stube. Wir können vor Angst kein Gedicht mehr aufsagen. Lange dauert es, bis wir uns beruhigt haben, als er gegangen ist. Nun können wir uns über die Geschenke, Kaufladen, Puppenwiege und Puppenkleider, freuen.

In den nächsten Jahren gab es dann mehr nützliche Sachen: Mützen, Handschuhe, Schals, Hausschuhe und gestrickte Wollstrümpfe zu Weihnachten. Die Erinnerung daran ist verblasst.
In lebhafter Erinnerung dagegen ist mir der Heilige Abend 1939 geblieben. An diesem milden „Spätherbsttag“ ohne Schnee herrschte eine gedrückte Stimmung bei uns. Es war Krieg, und wir hatten den Anfang mit Kanonendonner und Gewehrfeuer deutlich gehört. Nun fürchtete mein Vater eine Einberufung zur Wehrmacht. Auch gab es Einkäufe nur auf Karten und Bezugsscheine. „Es gibt nichts zu Weihnachten“, hatten unsere Eltern gesagt, und wir hatten uns damit abgefunden. Mit Nachbarskindern spielten wir draußen, bis es dämmerte. Als sie hereingerufen wurden, nahm die Nachbarin auch uns rein. Sie forschte nach unserer Verstimmung, bis wir ihr unser Leid klagten. Ihr Trost machte uns Mut, und wir gingen endlich nach Hause.
In der Küche aßen wir Kartoffelsalat mit Würstchen, bevor Mama im Wohnzimmer verschwand und Papa zu sich rief. Kurz darauf öffnete sich wieder die Türe, und wir wurden hineingebeten. Schüchtern blieben wir an der Tür stehen, als die Eltern das „Stille Nacht, heilige Nacht“ anstimmten. Vorsichtig schielten wir zum Tannenbaum. Nur wenige Kerzen brannten, aber sie spiegelten sich wie jedes Jahr in den blanken silbernen Ku-

geln. Auf dem Tisch standen fünf Weihnachtsteller. Darauf ein paar selbst gebackene Plätzchen, ein Apfel, ein paar Haselnüsse und obenauf – wir konnten es nicht fassen – auf jedem Teller ein Marzipanherz. Diese Herzen aus Königsberger Marzipan mit braun gebackenem Rand und in der Mitte in Zuckerguss jeweils einem Stückchen rote und grüne kandierte Früchte waren das Leckerste, was es zu Weihnachten gab. Schon fröhlicher klang das „O du fröhliche, o du selige" aus unseren Kehlen. Vor der kleinen Krippe aus Papier hatten wir auch ein kleines Päckchen entdeckt. Nach dem Ende des Liedes holten wir aber zuerst die selbst gebastelten Geschenke für die Eltern, ehe wir es wagten, das Päckchen zu öffnen. Ein etwa 15 Zentimeter großes Auto kaum zum Vorschein, rot mit silbrig glänzenden Verzierungen. Hinten steckte ein Schlüssel zum Aufziehen. Schlüssel drehen, auf den Boden knien, Auto aufsetzen, loslassen – und es sauste los. Quer durch die Stube, von einem Mädchen zum anderen. Ein kleines Auto, drei kleine Mädchen und eine große Freude einen Abend lang – „Heiliger Abend". Am ersten Feiertag gingen wir mit Mama die fünf Kilometer zur katholischen Kirche. In diesem Jahr durfte ich auch das Christkind bei der heiligen Kommunion empfangen, denn ich war am 1. Oktober, vier Wochen nach Kriegsbeginn, zur ersten heiligen Kommunion gegangen.

Johanna Wagner

VOM KURRENDESINGEN IN HARTENSTEIN

Ich gehörte auch zu den Kurrendesängern. Zu meiner Zeit bestand die Gruppe aus etwa 20 Kindern im Alter zwischen 10 und 14 Jahren. Wir sangen im Gottesdienst, abwechselnd auch bei Beerdigungen. Bei den Gängen zum Friedhof trugen wir die weiten, dunklen Umhänge, die in der Sakristei der Kirche aufbewahrt wurden. Einer der größeren Jungen ging uns mit dem Kruzifix voran. Auf das Kurrendesingen in der Weihnachtszeit freuten wir uns schon während des ganzen Jahres. Drei- oder viermal trafen wir uns gegen Abend mit unserem Kantor, um an verschiedenen Stellen im Niederstädtel, im Oberstädtel, in der Bahnhofstraße oder auf dem Markt zu singen. Meist war es klirrend kalt; man konnte den Frost auf der Zunge schmecken. Der Schnee lag in dicker Schicht locker und leicht auf Dächern, Bäumen und Straßenstangen und festgeschoben vom Schneepflug und glänzend gefahren von den Kufen der Pferdeschlitten

auf den Fahrbahnen. Wir trugen nicht ohrenfreie Hüte wie unsere hölzernen Männchen, sondern wollene Mützen oder Kopftücher, und unsere Füße steckten in hohen schwarzen Filzschuhen, innen mit rosa oder beigem Wollfutter warm ausgefüttert. Man schlüpfte in sie hinein und schloss sie leicht und schnell mit drei schwarz lackierten, zweiteiligen Blechschnallen. Dicke Nadelfilzsohlen mit ledernen Absatzplättchen bildeten einen vorzüglichen Kälteschutz nach unten. Der einzige Nachteil dieser Schuhe bestand darin, dass man in ihnen auf der Filzsohle nicht „tschinnern" konnte.
Handgestrickte Fausthandschuhe hielten unsere Finger warm, denn wir nahmen bunte Laternen zum Singen mit, Noten und Textbücher wie die Kurrendesänger auf der Anrichte brauchten wir dagegen nicht. Die Texte vieler Weihnachtslieder konnten wir Strophe um Strophe auswendig, und die Mehrzahl der Lieder sangen wir zwei- oder dreistimmig. Bis heute kann ich mühelos aus einem beachtlichen Besitz gelernter Lieder nehmen, was teils bestaunt, von Vertretern der modernen Pädagogik eher bekopfschüttelt wird. Die Schule der Gegenwart bleibt den Kindern viel schuldig trotz aufwendiger Ausstattung und unter Zuhilfenahme von hoch entwickelter, teurer Technik.
Sie wird dennoch damit dem unterlegen bleiben, was von Mensch zu Mensch in Köpfe und Herzen

eingeübt und eingesenkt und in lebendigem Bezug angewendet wird.
Das letzte weihnachtliche Kurrendesingen fand auf dem Marktplatz statt, und dort war es auch immer am schönsten. Alljährlich wurde neben dem Denkmal des bekanntesten Hartensteiners, des Dichters Paul Fleming, ein riesiger, mir immer ein wenig zu schlank erscheinender Christbaum aufgestellt. Er blieb stehen bis zu „Hochneujahr", dem 6. Januar, der damals noch als Feiertag begangen wurde. Ein Gewirr von Drähten verband die elektrischen Kerzen, die bis hoch hinauf in den Wipfel des Baumes aufgesteckt waren. Man sah die hässlichen Kabel nicht mehr, wenn der Schnee Polster auf seine Zweige gelegt und sie ein wenig auseinandergebogen hatte und auch die Glühbirnen einen Blendschutz aus Schnee auf ihren Spitzen trugen. Stand der Mond am wolkenlosen Winterhimmel über dem Markt, verblasste das Licht der Baumbeleuchtung. Dann glänzte die Gestalt des guten Paul Fleming wie blank geputzt im Mondschein und schien doppelt so mächtig zu sein wie am Tage. Auf seinen wallenden Locken trug er eine weiße Kappe aus Schnee. Aus der Feueresse beim Höselbarth-Bäcker an der Ecke sah man hellen Rauch kerzengerade gegen den blanken Abendhimmel aufsteigen. Dort wurden noch bis spät in die Nacht hinein Stollen gebacken. War der Himmel bedeckt oder schneite

es, während wir sangen, schloss uns das sanfte Licht des großen Baumes ganz in seinen Kreis ein.
Während einiger Jahre stand der Christbaum in der Adventszeit auf der dreieckigen Verkehrsinsel im oberen Teil des Marktes, umgeben von einem halbhohen, grün gestrichenen Lattenzaun mit zusätzlicher Beleuchtung auf den Eckpfosten und am offenen Eingang des Gatters. Wir sangen auch dort, aber der Standort und die allzu große Helligkeit gefielen mir nicht.
Nach vielen Stationen des Stehens und Singens kroch uns die Kälte auch durch die wärmste Winterkleidung. An einem Abend im Jahr stand der frierenden Schar dann noch ein Höhepunkt bevor, wartete auf uns ein verlockendes, warmes Ziel: die Backstube beim Bachmann-Bäcker. Dorthin richteten wir schon sehnlich unsere Gedanken, während wir noch die letzten Lieder sangen. Kaum damit zu Ende, bliesen wir unsere Laternen aus und eilten die „lange" Straße hinaus, dem Haus gegenüber der „Scharfen Ecke" zu. Wir klopften uns geschwind vor der Tür den Schnee von den Schuhen und durchquerten im Gänsemarsch den Flur, in dem zu beiden Seiten dicht an dicht auskühlende Stollen auf dem Steinfußboden lagen, in Formen oder auf Backbrettern. In der geräumigen Backstube, plötzlich umhüllt von wohliger Wärme und unaussprechlichen Wohlgerüchen, fanden

wir alle auf Stühlen, Bänken und auf den warmen Treppenstufen des Backofens Platz. Aus bauchigen Kannen goss uns die ältere, dunkelhaarige Bäckersfrau, die mit ihrer blütenweißen, steif gestärkten Schürze auch im Bäckersladen immer besonders hübsch und appetitlich aussah, dampfenden, süßen Kakao in große „Dippel“; dazu standen Teller hoch aufgeschichtet mit frisch gebackenem Zwieback für uns bereit. Ein Hochgenuss! Es dauerte nicht lange, und unsere blau gefrorenen Gesichter waren glühend heiß und rot. Warm, satt und glücklich sangen wir noch ein Lied zum Abschied.

Marianne Rosemann

UM FÜNF UHR GING’S ZUR UCHTE

Im Jahre 1930 wurde ich in Essen geboren. Meine Brüder Josef, Michael und Heinz wurden nach mir geboren. Mein Vater arbeitete auf der Zeche unter Tage. Die Adventszeit war eine stille Zeit ohne viel Lichter und Rummel. Der Heiligabend war ein gewöhnlicher Arbeitstag. Die Kinder wurden am Spätnachmittag gebadet. Am 1. Weihnachtstag morgens um 5 Uhr ging die ganze Familie zur „Uchte“, so sagte man in früheren Jahren zur Christmesse. In jedem Jahr hatten die Messdiener ein Krippenspiel eingeübt. Der Chor sang eine mehrstimmige Messe. Zwischendurch sang die Gemeinde die alten Weihnachtslieder. Das ganze Gotteshaus erstrahlte in hellem Lichterglanz. Ich erinnere mich: In einem Jahr spielte aus der nahe gelegenen Krayer Flakkaserne das Musikkorps in der Christmesse. Zur Wandlung spielte einer der Soldaten auf der Oboe „Stille Nacht, heilige Nacht“. Nach der Messe ging es schnell nach Hause. Da gab es die lang ersehnte Bescherung. Vater zündete am Tannenbaum die Kerzen an. Nach einem gemeinsamen Lied konnten wir endlich unsere Geschenke bewundern. Jedes Kind bekam ein Spielzeug, einen Teller mit Süßigkeiten, einen oder zwei Äpfel. Apfelsinen gab es nicht. Warme Wintersachen, gestrickte Strümpfe, Mütze, Schal, Handschuhe oder ein Trainingsanzug gehörten auch zu den Weihnachtsgeschenken.

An einem Weihnachtsfest bekam ich eine Puppe und einen Puppenwagen. Die Großeltern hatten zu dem „großen" Geschenk, wie ich später erfuhr, finanziell beigesteuert. Nachmittags traf sich die ganze Familie. Gemeinsam wurden unter dem Tannenbaum Weihnachtslieder gesungen. Am 2. Weihnachtstag ging Vater mit uns Kindern in die Franziskanerkirche, die Krippe anschauen. Die dort dargestellten Szenen reichen von der Verkündigung bis zur Flucht nach Ägypten. Eine Erinnerung ist noch da: In den Kriegsjahren gab es an den Weihnachtstagen keinen Fliegeralarm.

Marlies Habbel

DEN PUPPENKLEIDERSCHRANK BESITZE ICH NOCH HEUTE

Meine Mutter war sehr aufgebracht, da mein Vater sich noch keine Zeit genommen hatte, einen Weihnachtsbaum zu besorgen. Für uns Kinder war dies nämlich das Wichtigste zum Weihnachtsfest.

Ich war damals neun Jahre alt, als mich meine Mutter an diesem genannten Tag auf den Weg schickte, einen Weihnachtsbaum zu schlagen. Sie drückte mir eine Axt in die Hand, und ich bin bestimmt einen Kilometer gelaufen, bis ich den für mich schönsten Baum in einer Tannenschonung entdeckte. Als ich mich auf den Heimweg machte, fing es wieder an zu schneien. Die Bäume und die Dächer der Häuser in unserem kleinen Dorf waren vom Schnee, der Tage vorher gefallen war, weiß bedeckt. Ich beeilte mich, um schnell wieder nach Hause zu kommen, denn es wurde langsam dunkel.

Der Tannenbaum wurde zunächst in der Wohnstube aufgestellt, nachdem er etwas abgetrocknet war.

Mein Bruder und ich durften aber nicht mitbekommen, wie der Weihnachtsbaum geschmückt wurde. Auch das Weihnachtsgebäck wurde von meiner Mutter immer dann gebacken, wenn wir nicht zu Hause waren. Sie versteckte alles so gut, dass wir auch niemals etwas ahnen konnten, dass sie die Vorbereitungen auf den Heiligen Abend begonnen hatte. Wir glaubten damals beide sehr lange an das Christkind.
Nach wenig Schlaf, natürlich allein wegen der Aufregung, ob das Christkind uns nicht vergessen hatte, packte meinen Bruder und mich gegen ein Uhr in der Nacht die Neugier. Wir stiegen aus den warmen Betten und zogen uns dicke Pullover und Hosen an. Die Fenster waren von innen gefroren, und man konnte die Eisblumen durch das Fenster sehen, da der Mond hell ins Zimmer leuchtete. Uns war es zu dieser Zeit nur möglich, die Wohnstube zu heizen. Nachts haben wir uns tief in unsere Betten gemummelt, damit wir nicht zu sehr froren. Wenn es zu kalt wurde, haben wir auch alle zusammen in der geheizten Wohnstube geschlafen.
Bevor wir allerdings in die Wohnstube gelassen wurden, musste meine Mutter erst den Kohleofen feuern. Das Warten machte uns nur noch aufgeregter. Die Kerzen wurden angezündet, und langsam wurden wir ins Zimmer hineingelassen. Mit großen Augen standen wir vor dem erleuchteten Weihnachtsbaum.

Nach einer Zeit mit Angst und Schrecken des Krieges war das der Moment des höchsten Glücks. Unsere Geschenke fielen nicht wie heute aus. Es gab keine Produkte der Massenfertigung, der Markenartikel und der teuren Schmuckstücke. Mein Großvater hatte meinem Bruder ein Holzpferd geschnitzt. Aus Lederabfällen in seiner Schusterwerkstatt hatte er das Geschirr des Pferdes gefertigt. Ich bekam einen selbst gebastelten Puppenkleiderschrank und Puppenbettzeug. Dieses Bettzeug hatte meine Mutter an den langen Winterabenden aus Wäscheresten genäht, immer dann, wenn wir alle im Bett lagen. Unsere Begeisterung für diese Geschenke war unbeschreiblich. Wir haben uns damals so sehr gefreut, wie ich es heute manchmal zu vermissen glaube. Damals gab es nicht viel, was wir hätten haben wollen. Es gab nun mal nur wenig Auswahl. Jeder hatte so viel wie alle anderen und manchmal sogar noch weniger. Die Freude über Geschenke war deshalb um so größer. Es war jemand da, der an uns gedacht hatte – das Christkind.

Ich besitze den Puppenkleiderschrank noch heute und habe meine Freude daran. Er erinnert mich immer wieder an diese schöne Zeit. Meine Mutter hat es immer wieder geschafft, große leuchtende Augen in unsere Gesichter zu zaubern. Sie hat es verstanden, die Weihnachtszeit zu einem aufregenden Geheimnis in einer Zeit der Ängste und Verwüstungen zu gestalten. Durch sie erfuhr ich, dass man auch mit wenig viel erreichen kann. Diese Erfahrung konnte ich an meine Kinder weitergeben.

Dieter Leupold

WEIHNACHTEN – LICHT IN WIDRIGEN ZEITEN

Meine Erinnerungen im Zusammenhang mit Weihnachten reichen bis in den Spätherbst 1943 zurück, als unser Zuhause noch in der Paulstraße in Berlin Alt-Moabit war. Die Weihnachtsstube – unser kleines Wohnzimmer – war für meine Schwester und mich zu dieser Zeit unzugänglich; hinter der verschlossenen Tür werkelte Vati Abend für Abend an geheimnisvollen Sachen und erzeugte gespannte Vorfreude bei uns Kindern, was uns da wohl hinter der Tür erwarten würde. Ich habe an unser Berliner Wohnzimmer keine bildhafte Erinnerung, aber meine Schwester erinnert sich mit leuchtenden Augen, wie es sich immer zu Weihnachten in eine festlich geschmückte, gemütliche Weihnachtsstube verwandelte mit Puppenstube und Kaufmannsladen – und aus Muttis viel späteren Erzählungen wissen wir, dass Vati in jenem November 1943 u. a. an Puppenstuben-Möbeln in Nachbildung unserer Wohnungseinrichtung ar-

beitete – mit der Laubsäge, mit der er meisterlich hantieren konnte. In jenem Jahr 1943 wäre ich als Vierjähriger wohl alt genug gewesen, um das Bild von Weihnachten bei uns zu Hause dauerhaft in mich aufzunehmen, aber dazu kam es nicht:
Es kam die Nacht des 2. November 1943. Fliegeralarm! Wie schon fast alltäglich: rascher, geordneter Abgang aller Hausbewohner in den Luftschutzkeller und das Bangen, das Unheilvolle, Unfassbare möge an uns auch diesmal wieder vorübergehen, genauer gesagt vorüberfliegen. Aber diesmal traf es uns, und es brachte diese Nacht überhaupt ein Bomben-Inferno größten Ausmaßes für Berlin. In meiner Erinnerung ist ein ohrenbetäubendes Krachen, gewaltige Erschütterungen, Beben, Dunkelheit, und dann sind wir irgendwie ins Freie gelangt und stehen unter dem nächtlichen Himmel in einer gespenstischen Kulisse, grell beleuchtet von einem himmelhohen Flammenmeer: ringsum zerbombte, zusammenkrachende Häuser, hoch aufragende schwarze Ruinen, Brandgeruch, Phosphorgestank, überall Knistern, Brennen, aufstiebender Funkenregen. Und immer wieder neues Dröhnen von Flugzeugen, dann erscheinen teuflisch wie „Christbäume“ gestaltete Leuchtraketen am Himmel, die die Ziele für die todbringenden Bomben markieren, und dann das infernalische Pfeifen und Einschlagen der „Bombenteppiche“.

Den Jüngeren mögen die Bilder des 11. September 2001 vom World Trade Center eine Vorstellung davon vermitteln, was sich bei den nahezu täglichen Bombardierungen Berlins in den Kriegsjahren 1943 bis 1945 abgespielt hat. War in Amerika das Grauen turmhoch, so war es in Berlin großflächig: In Bombennächten wie jener des 22./23. November 1943 versanken ganze Stadtteile in Schutt und Asche.

Was sich also als mein erstes bewusst aufgenommenes Weihnachtsfest bei uns zu Hause hätte einprägen können, wurde in dieser Novembernacht ausgelöscht. Aber durch Gottes Fügung hält diese Novembernacht auch ein ganz großes Wunder für uns bereit: Wir überleben alle vier! Mutti hat uns Kinder im Grauen und Chaos dieser Nacht zusammengehalten und beschützt, und unseren Vati, der im abkommandierten Helfer-Einsatz im beißenden Qualm fast erblindet war und umherirrte, hat ein Engel namens Kamerad Holk noch im Laufe jener Nacht zu uns gebracht. Am Ende, nachdem Vatis Augenlicht durch Sanitäters Hilfe und Muttis Fürsorge wiedergekehrt ist, sind wir alle vier unversehrt. Wahrlich, was für ein Wunder! Ohne dieses Wunder hätte es nicht gegeben, was nach dieser unvermeidlichen Vorrede nun wirklich erzählt werden soll: Weihnachten bei uns zu Hause.

Unter den wenigen Habseligkeiten aus unserem Paulstraßen-Zuhause, die, von den Eltern und mei-

ner Schwester in jener Novembernacht 1943 am Körper getragen, bis in die Nachkriegszeit gerettet wurden, war ein märchenhaft schöner, leuchtend farbiger Verkaufskatalog erzgebirgischer Weihnachtsschnitzereien aus Olbernhau. Engel und Bergmann als Lichtträger, Krippenfiguren, Engelchöre, Kurrendesänger, Räuchermännchen und beschneite Räucherhäuschen und Tannenbäume. Außerdem war der Katalog illustriert mit Bildern vom erzgebirgischen weihnachtlichen Brauchtum; fest eingeprägt hat sich mir eine Familie mit Weihnachtslaternen beim Kirchgang durch ein tief verschneites, festlich geschmücktes Dorf.
Es ist auch dieses Überleben des Weihnachtskataloges ein – vergleichsweise kleines, aber eben doch bedeutendes – Wunder: In das am Körper zu tragende Überlebensgepäck gehörten Trinkwasser, Dauerbackware, Decken, Schutzkleidung, Gasmaske, Arzneimittel, Identifizierungskarte, bei Kindern allenfalls noch ein kleines Kuscheltier. Aber ein Weihnachtskatalog? Es ist für meine Schwester und mich ein Rätsel, und die Eltern können wir nicht mehr fragen. Jedenfalls war dieser herrliche Weihnachtskatalog in der grauen, tristen, zerbombten Umwelt nach Kriegsende eine oft angeschaute und bestaunte Kostbarkeit wie aus einer anderen Welt. Es war für mich das erste Bilderbuch, und es hat die Vorstellung von Weihnachten bei mei-

ner Schwester und bei mir ganz entscheidend und nachhaltig geprägt.
Ansonsten war natürlich in der Paulstraße alles verbrannt, was für uns zuvor zu Weihnachten gehörte, und es gab natürlich nach Kriegsende auch nichts Weihnachtliches zu kaufen, dazu hätte aber ohnehin unser Geld nicht gereicht, und natürlich wurde auch aus Olbernhau nichts mehr verschickt.
Zu Weihnachten 1945 stand ganz im Vordergrund, nicht zu verhungern und nicht zu erfrieren. Und es war für alle schon ein riesengroßes Weihnachtsgeschenk, dass endlich Friede herrschte. „Wenn es doch endlich keine Bomben mehr gäbe" – das war jahrelang unser sehnlichster Wunsch in den Luftschutzkellern. Nun, zu Weihnachten 1945, wurde ganz leise, zurückhaltend und ohne Glaube an eine baldige Erfüllung ein neuer Wunsch formuliert, der Wunsch nach einem Brot, das nie alle wird. Und tatsächlich mussten wir noch Jahre darauf warten.
„Natürlich" feierten wir auch 1945 Weihnachten, allen widrigen Umständen zum Trotz: Wir „wohnten", besser kampierten damals in einer großen Werkhalle mit einem winzigen Öfchen in der thüringischen Kleinstadt Weida, wohin uns die Kriegswirren verschlagen hatten. Es war einer der kältesten Winter überhaupt. Aber es gab eine unzerstörte Kirche und wir hatten einen Gottesdienst mit Weihnachtsliedern, wir hatten einen Weih-

nachtsbaum (woher auch immer, denn Baumverkäufe gab es nicht, Bäume waren kostbares Brennholz, das gab es auf Zuteilung in kleiner Portion, und die Bäume in den Wäldern, die Weida umgaben, wurden durch die Flurwacht scharf bewacht). Unser Weihnachtsbaum wurde – eher liebevoll als abqualifizierend – Stachete genannt. Er hatte nur wenige Äste, aber zum Schmuck der Äste hatten wir ohnehin kaum etwas, und er hatte auch nur spärlich Nadeln. Dennoch ging von ihm ein weihnachtlicher Tannenduft aus, der selbst unsere recht unwirtliche Weihnachtsstube – eben diese riesige Fabrikhalle – verzauberte. Der Baum trug auch einige Kerzen, selbst gegossen in Aromaersatz-Glasröhrchen mit selbst gefertigtem Wachs-Ersatz und mit Bindfaden-Ersatz (von irgendwoher aufgetrieben) als Docht.

Weihnachten 1945 oder vielleicht auch erst ein Jahr später nahm zum ersten Mal auf unserem Weihnachtsbaum „Kneisel" seinen Platz ein, ein hölzerner kleiner Vogel mit überdimensionaler Hakennase, Pappflügeln und einer Feder. Es ist in Vergessenheit geraten, woher er kam. Seinen Namen jedenfalls verdankt er seiner Nase, die aussah wie die eines Märchenerzählers aus Luftschutzkeller-Zeiten.

Kneisel hat im Laufe der Jahrzehnte eine bemerkenswerte weihnachtliche Symbolkraft erlangt: Wo

er am Baum hängt, da ist „Weihnachten bei uns zu Hause“ lokalisiert. Folgerichtig ist er aus meinem Elternhaus zunächst zu mir und seit einigen Jahren zu meinen Kindern übergesiedelt. Hier gehört er schon zu den ersten Schmuckstücken am Gebinde der Vorweihnachtszeit und wechselt danach auf seinen Stammplatz am Weihnachtsbaum. Kneisel wird auch von den Enkelkindern schon ehrfurchtsvoll zur Kenntnis genommen, ist er doch fast so alt wie Opa.
Zwei weitere festliche Dinge spielten schon zur ersten Nachkriegsweihnacht bei uns wieder eine Rolle: der Aufbau von Figuren der Weihnachtsgeschichte unter dem Weihnachtsbaum und das „Neunerlei“ als Festmahl am Heiligabend. Das eine aus dem Nichts gezaubert von Vati, das andere ebenso aus dem Nichts gezaubert von Mutti. Vati trieb etwas Pappe und Sperrholz, Leim-Ersatz und einen sog. Modellierbogen (einen mit Weihnachtsfiguren bedruckten Pappbogen) auf, irgendwoher hatte er auch eine Laubsäge besorgt (geborgt von den von Ausbombung weitgehend verschonten Weidaer „Einheimischen“). Die Figuren des auf Sperrholz aufgeklebten Modellierbogens wurden ausgesägt und, ergänzt durch Tannenbäume, ergaben sie den Anfang von Weihnachtsaufbauten unter dem Christbaum, die dann Jahr für Jahr erweitert und gepflegt wurden. Die kleinen Tannenbäumchen

hatte Vati aus grüner Pappe ausgeschnitten und je zwei im Mittelschlitz ineinandergesteckt, so wurden sie räumliche Gebilde. Wir hatten sogar ein besonders schönes Exemplar dieser Bäumchen aus stärkerer weißer Pappe mit Glitzerzeug bestreut, ein herrlicher, beschneiter Tannenbaum.
Von diesen ersten Weihnachtsfiguren existieren noch wenige bis heute, fast 80 Jahre später. Sie wirken wie Boten aus uralten, vertrauten Zeiten, wie Zeugen von Weihnachten bei uns zu Hause. Und es gibt noch eine ganz besondere „Reliquie": ein kleines Stück Baumrinde, eines von vier Teilen unseres Stalls für die Heilige Familie. Diese Baumrinde stammte aus den von Vati fast täglich nachts heimlichst und abenteuerlichst herangeschafften Heizmaterialien (Baumrinden vom streng mit Wächter und Hund gesicherten Lagerplatz einer Lederfabrik), sie retteten uns vor dem Erfrieren, aber Vati war in jeder dieser Nächte mit einem Bein im Gefängnis oder Arbeitslager. – Erzählenswert, festhaltenswert, aber das steht auf einem anderen Blatt wie auch das zeitgleiche „Fringsen" als Überlebenshilfe im Rheinland. – Jedenfalls ist es schon ein ganz eigenes Gefühl, dieses Stück Rinde, das jahrelang Vati zur Weihnachtszeit zum liebevollen Aufbau unseres Stalles unter dem Christbaum zur Hand nahm, zu berühren und an einen Ehrenplatz zu legen.

Zu den Weihnachtserinnerungen aus Weidaer Zeit gehört auch der Duft der Räucherkerzen. Dazu hatte Vati ein einfaches kleines Papphäuschen beschafft, glitzerweiß beschneit. Man konnte ein Räucherkerzchen hineinstellen, dann stieg Rauch aus dem Schornstein – das Häuschen verbreitete ein solches Gefühl von warmer Geborgenheit, dass ich immer wieder fasziniert auf diese kleine Herrlichkeit geblickt habe und sich mir so jedes Detail bis auf den heutigen Tag eingeprägt hat. Um das Häuschen herum standen kleine farbig angemalte Märchenfiguren aus den Zeiten des Winterhilfswerks, darunter eine Hexe, Hans im Glück und die Froschkönigin.
Dieses weihnachtliche Zubehör wurde mit liebevoller Sorgfalt unter dem Weihnachtsbaum aufgestellt, nachdem dieser am frühen Nachmittag des Heiligabends geschmückt war, natürlich mit „richtigen" Kerzen. Deren Anzünden, Bewachen, Auspusten und neu Aufstecken gehörte zu den weihnachtlichen Ritualen, die dem Weihnachtsbaum eine permanente Aufmerksamkeit sicherten. Er dankte es mit einem ganz eigenen warmen, lebendigen Leuchten. Das figürliche Zubehör wurde im Laufe der Zeit vielfältiger, und die Aufbauten unter dem Weihnachtsbaum wurden dann zweietagig – oben der Himmel (auf Watte) mit Engelchören und dem Stern von Bethlehem, darunter das ausge-

dehnte irdische Weihnachtsgeschehen. Immer zog mit diesem Aufbau des weihnachtlichen Zubehörs endgültig die ganz besondere weihnachtliche Stimmung bei uns ein, untermalt durch die vertrauten Weihnachtslieder, die schon am Nachmittag aus dem Radio klangen. Hingegen war der Vormittag des Heiligabends lange Jahre noch Arbeitstag für Vati, und für Mutti die letzte Möglichkeit, vielleicht doch noch etwas Besonderes, eine Leckerei (und nahezu alles, was essbar war, galt 1945 und in den Jahren danach als Leckerei) zu erjagen.

Große Hoffnungen setzte Mutti gerade vor Weihnachten auf die Mildtätigkeit der Bauern in den umliegenden Dörfern, und wenn sie von solchen ausgedehnten Überlandgängen mit 1/8 oder gar 1/4 Liter Milch und etwas Mehl oder einigen Kartoffeln heimkehrte, dann war das schon ein kleines Weihnachtswunder. Denn der Bauern Spruch lautete allgemein: „Mir ham selwer nüscht!“ Und als Gegengabe mussten Zigaretten her, die sich Vati von der schmalen Zuteilungsration absparte; manchmal ging er auch sonntags zur Fronarbeit zum Bauern.

Muttis Herbeizauberung des Neunerlei war unter den Bedingungen der leeren Einkaufsläden in den Nachkriegsjahren also ein ganz besonderes Kunststück. Neunerlei ist eine vogtländische Tradition. Dazu gehörten in der Vorkriegszeit bei uns zu

Hause, wie dem Tagebuch von Vati zu entnehmen ist, Brot, Salz, Butter, Wurst, Kartoffelsalat, Ölsardinen, Gurke, Eier und Käse. Weihnachten 1945 bestand das Neunerlei aus Brot und Salz und „Fettigkeit", damals wahre Köstlichkeiten, dazu gar noch kleine Mengen von ess- und trinkbaren Überraschungen, an die mir die Erinnerung fehlt, aber Neunerlei wird es gewesen sein. Die Zubereitung, Auftafelung und Verspeisung des Neunerlei am Heiligabend war auch in den Folgejahren wichtiger, festlicher Bestandteil von Weihnachten bei uns zu Hause; dazu gehörte dann später die von Mutti gezauberte Sülze und Heringssalat.
Einen leibhaftigen Weihnachtsmann gab es seinerzeit bei uns nicht. Dessen Funktion übernahm eine kleine blecherne Glocke, die meine Schwester und mich zur Bescherung zum Weihnachtsbaum rief, wenn Vati und Mutti die Weihnachtsgeschenke für uns aufgebaut hatten. Diese Geschenke waren das Resultat von viel „Rennerei" und viel „Knapsen" mit dem Geld, aber sie waren immer wohlbedacht und brachten uns viel Freude.
Weihnachten bei uns zu Hause behielt auch nach unserer Rückkehr nach Berlin in den fünfziger Jahren seine Faszination in der vertrauten Tradition. Auch hier war das Altbau-Wohnzimmer riesig und sehr kalt, mit bestmöglicher Heizung mit aufgesparten Kohlen hatte es zu Weihnachten 16

Grad, aber immerhin: Es verdiente erstmals wieder die Bezeichnung „Wohnzimmer“ und strahlte zu Weihnachten eine besondere Behaglichkeit aus. Wir hatten einen riesigen Weihnachtsbaum, der mit seinem Tannenduft den Raum erfüllte und mit seinen 32 echten Kerzen Lichtfülle und zusätzliche „gefühlte“ Wärme gab. Ja, was für ein Fortschritt, 1952 gab es schon Weihnachtsbäume und Kerzen zu kaufen! Und auch unsere weihnachtlichen Aufbauten vergrößerten sich: Weihnachtliche Leuchter, Laternen und sogar einige erzgebirgische Weihnachtsfigürchen erstrahlten im Lichterglanz.
Zwei weitere festliche Zutaten verschönten unser Fest: der Weihnachtsgrog mit seinem besonderen Zimtduft (Aromaersatz) und der Weihnachtsstollen. Selbst gebacken nach vogtländischer Tradition, die in Berlin noch weitgehend unbekannt war und so den Bäcker vor die ungewohnte Herausforderung stellte, aus dem zu vorgegebener Morgenstunde angelieferten Stollenteig Stollen zu formen und zu backen. Diese Stollenbäckerei war ein alljährliches vorweihnachtliches Ritual, das von Mutti viel Findigkeit und Ausdauer im Heranschaffen der Zutaten, und von Vati viel Kraft beim „Durchwalken“ des Teigs erforderte und von uns Kindern Zuarbeiten wie Rosinen entstielen und Mandeln zerkleinern.

Am Nachmittag des Backtages wurden mit Spannung die Stollen vom Bäcker geholt – im Wäschekorb, denn es waren meistens vier Vierpfünder. Sie wurden gebuttert und gezuckert und dann begann die Wartezeit bis zum ersten Anschnitt am 1. Advent mit einer Kostprobe und so auch an den anderen Adventssonntagen. Das eigentliche Stollenessen bildete den ersten kulinarischen Höhepunkt am Nachmittag des Heiligabends. Der abendliche Festbeginn war dann Punkt 20 Uhr, wenn im (West)-Radio die traditionelle Sendung von Weihnachtsliedern im Wechsel mit dem Glockengeläut von Kirchen aus ganz Deutschland begann. Da waren wir vier in festlicher Kleidung versammelt und warteten gespannt, was Mutti auftischen würde. Und die einzelnen Bestandteile des Neunerlei wurden von Jahr zu Jahr leckerer. Danach bescherten wir uns gegenseitig unsere Geschenke, und immer waren Geber und Nehmer gleichermaßen gespannt, denn waren es auch im Vergleich zu heute nur Kleinigkeiten, so waren sie doch liebevoll bedacht und man freute sich mit dem Beschenkten. Später in der Christnacht waren wir meist in der Kirche, und danach zu Hause gab es noch Leckereien, Vati rauchte seine Festtagszigarre – eine genüssliche Zeremonie –, Weihnachtsmusik erklang aus dem Radio, und erst weit nach Mitternacht ging unser Heiligabend zu Ende.

Sr. Angardis Frerix SSpS
(Steyler Missionsschwester)

KLEINE GESCHENKE – UND DOCH REICH BESCHENKT

1930 geboren, wuchs ich zusammen mit zwei Schwestern und einem Bruder (Jahrgang 1931, 1932 und 1936) auf einem mittelgroßen Bauernhof (Pachtbetrieb) in einem Dorf nahe bei Emmerich am Niederrhein auf. Durch die Landwirtschaft waren wir weithin „Selbstversorger“ und hatten immer das Notwendige zum Leben. Selbst im Zweiten Weltkrieg litten wir keinen Mangel. Unsere Mutter half damals vielen ausgehungerten Menschen aus der Stadt mit Lebensmitteln aller Art. Andererseits kannten wir weder Überfluss noch Reichtum. Vater und Mutter und unser Knecht – später an dessen Stelle mein Bruder – mussten in der Landwirtschaft hart arbeiten, um die jährliche Pachtsumme aufzubringen. Das war nicht immer leicht. In unserer Familie lebte auch unsere Großmutter, Vaters Mutter, die im Haushalt mithalf und uns betreute, als wir Kinder noch klein waren.

Zur Vorbereitung auf das Kommen des Christkindes übten wir einen kleinen Verzicht: Alle Bonbons, die uns im Advent geschenkt wurden, hoben wir bis Weihnachten in einem Glas auf.
Der 24. Dezember, Heiligabend, war für uns während unserer Kindheit wohl der schönste Tag des ganzen Jahres. Wir freuten uns sehr auf das Christkind und konnten sein Kommen kaum erwarten. Die Spannung wuchs mit jedem Tag.
Die Weihnachtsfeier unserer Familie fand am Heiligen Abend statt und begann um etwa 18.30 oder 19 Uhr. Der Nachmittag war für die Eltern sehr arbeitsreich, mussten doch vor der Feier die Kühe gemolken, das Vieh gefüttert und noch andere Arbeiten erledigt werden. Schon bald nach dem Mittagessen begann Mutter, das „beste Zimmer" für die Feier herzurichten. In unserer Kindheit waren die Winter ungemein kalt. Das „beste Zimmer", das während des Jahres wenig gebraucht wurde, war daher eiskalt. So war es Mutters erste Arbeit, es gut einzuheizen. Dazu diente ein größerer Brikettofen. Wenn wir dann unmittelbar vor der Feier – vor dieser durften wir Kinder das Zimmer nicht betreten – in das Zimmer kamen, strömte uns eine wohlige Wärme entgegen. Auch das Schmücken des Baumes behielt sich Mutter vor. Wie gut sie das verstand!
Vor Beginn der Weihnachtsfeier aßen wir erst zu Abend. Es gab Kartoffelsalat mit Knackwürstchen.

Nach dem Essen wurde das Dankgebet gesprochen, danach das Geschirr gespült. Darauf begab sich die ganze Familie ins „beste Zimmer“. Wie staunten wir Kinder über den mit bunten Kugeln, brennenden Wachskerzen, Wunderkerzen, Lametta und kleinen Süßigkeiten geschmackvoll geschmückten Tannenbaum. Unter dem Christbaum stand eine kleine Krippe, und auch die Geschenke hatten unter ihm Platz gefunden.
Die ganze Familie nahm nun beim Weihnachtsbaum Platz. Wir sangen zahlreiche bekannte Weihnachtslieder. Zu manchen sang Mutter mit ihrer wohllautenden Stimme die zweite Stimme, und Vater ließ seine Bassstimme erklingen, was uns besonderen Spaß bereitete. Eins der Kinder sagte auch noch ein Gedicht auf.
Dann folgte die mit großer Spannung erwartete Bescherung. Mutter teilte die Geschenke aus. Als wir Geschwister noch klein waren, also vor dem Zweiten Weltkrieg, erhielten wir zum Beispiel ein Bilderbuch, einen Baukasten oder ein Heft und ein Etui mit Buntstiften zum Zeichnen. Meine um ein Jahr jüngere Schwester liebte Teddybären, und so erhielt sie hin und wieder vom Christkind einen Teddybär, während ich eine Puppe bevorzugte. Einmal bekam ich eine Puppe, die die Augen schließen konnte – damals eine große „Errungenschaft“ für mich. Mein Bruder – zwei Jahre jünger

als ich – wurde einmal mit einem Bogen mit Gummigeschoss beschenkt. Ein anderes Mal erhielt jemand von uns eine bunte Holzkarre, mit der man über die Diele fahren konnte. Vater wurde öfter mit einem Kästchen Zigarren beschenkt oder mit einem Wäsche- oder Kleidungsstück. Auch Mutter und Großmutter erhielten für gewöhnlich Wäsche oder ein Kleidungsstück. Natürlich gab es für jeden nur ein Geschenk, außer diesem aber noch einen Teller mit Süßigkeiten (Plätzchen, meist Spekulatius, Bonbons, Walnüsse und Haselnüsse).

Das Thema „Bescherung“ habe ich weit ausgeführt, damit die jüngere Generation sieht, dass es vor dem Zweiten Weltkrieg (und erst recht im Krieg!) keine „sich biegenden Gabentische“ gab. Obwohl die Geschenke bescheiden waren, fühlten wir uns vom Christkind reich beschenkt und waren sehr dankbar und glücklich über seine Gaben.

Nach der Weihnachtsfeier durften wir Kinder zu unserer Freude länger aufbleiben als sonst und mit unseren Geschenken spielen. Heiligabend ging uns immer viel zu schnell vorüber.

Am ersten Weihnachtstag gingen wir entweder um fünf Uhr morgens zur Christmette oder zur zweiten Weihnachtsmesse um sieben Uhr oder zum Festhochamt um zehn Uhr. In unserer Pfarrkirche betrachteten wir lange und andächtig die schöne große Krippe. Vater und Mutter gingen gewöhnlich am Weihnachtsfest zur heiligen Beichte, wenn sie früh mit der Arbeit fertig waren, oder während der heiligen Messe, was damals noch gebräuchlich war.

An den Weihnachtsfeiertagen gab es nachmittags auch Kuchen, sonntags dagegen nur Plätzchen oder ein Butterbrot.

An Heiligabend beziehungsweise Weihnachten im Zweiten Weltkrieg kann ich mich nicht mehr gut erinnern. Soweit ich mich entsinne, gab es die letzten Kriegsjahre keine Geschenke mehr, da nichts zu kaufen war. Mutter backte Plätzchen und stellte selbst Marzipan her. Im Übrigen war die Weihnachtsfeier wie vor dem Krieg, außer im Dezember 1944. Damals hatten – ich weiß nicht wie viele – ausgebombte Menschen aus Kleve in unserem Haus Zuflucht gefunden. Unsere Zimmer reichten längst nicht für alle aus. Doch waren die armen Flüchtlinge schon sehr dankbar, dass sie auf dem Heuspeicher schlafen durften und von uns beköstigt wurden.

Therese Heger

ES GAB METTWURST UND SCHINKENBROTE

Schon wieder war ein Jahr vergangen, und alle großen und kleinen Menschenkinder waren voller Erwartung. Was wird uns das Christkind wohl in diesem Jahr bringen? Waren alle lieb und brav im Haus miteinander umgegangen? Vater und Mutter gehorsam zur Hand gegangen? Den Großeltern mit kleinen Dingen Freude bereitet? Im Stall bei den Tieren mitgeholfen? Es gab immer viel zu verrichten, waren es auch nur kleine Aufträge: Stube fegen, Teller und Tassen spülen, Zimmer aufräumen, Schuhe putzen und, und, und.

Acht Tage vor Weihnachten durften die Kinder Briefe an das Christkind schreiben. Mit großem Eifer wurden die Wünsche aufs Papier gebracht. „Liebes Christkind, bitte bring mir ...“, so fing so mancher Zettel an. „Und vergiss auch die armen Kinder nicht, und jetzt wünsch ich dir eine gute Nacht.“ Der Brief wurde abends ins Fensterspat gesteckt, und am anderen Morgen war er ver-

schwunden. Nun war man recht brav und konnte es kaum bis zum Heiligen Abend erwarten. Die Tage wurden gezählt, und endlich war es dann so weit.
Die Tür zur guten Stube war zugeschlossen und auch das Schlüsselloch von innen verstopft. Das Mittagessen gab es am Heiligen Abend etwas früher, auch die Tiere im Stall wurden früher abgefüttert. Um 17 Uhr war die Arbeit getan, die Kühe gemolken und die Milch in große Kannen abgefüllt. Katze Minka und der große Haushund Pompejus, alle waren satt, und friedlich lag die Saumutter mit ihren zwölf Ferkelkindern im Stroh. Nun konnte das Christkind endlich kommen. Wir legten die Arbeitskleidung ab, und die Sonntagskleider wurden angezogen. Alle saßen in der Küche beisammen und sangen Weihnachtslieder, besonders Kinderlieder waren beliebt. Mutter las eine Geschichte vor, nur Vater, der war mal wieder nicht da! „Ja", sagte die Mutter mit einem etwas verlegenen Gesicht, „der Vater hat noch eine Arbeit zu verrichten." Doch so war es wohl nicht, einer musste ja das Christkind spielen. Es dauerte auch nicht allzu lange, und schon hörte man deutlich ein Glöckchen vorm Küchenfenster läuten, mal etwas lauter, dann wieder etwas leiser. Endlich hörte man Vaters Stimme rufen: „Das Christkind war da!" Die Tür zur guten Stube stand weit auf, und der Christbaum leuchtete uns hell entgegen.

Nun durften alle gemeinsam singend ins Weihnachtszimmer einziehen. Opa ging voran, an jeder Hand ein Enkelkind, Oma hinkte ein wenig hinterher. Die Mutter hatte die jüngsten Kinder auf dem Arm. Bevor nun der Gabentisch in Beschlag genommen wurde, wurde an der Krippe gesungen. „Ihr Kinderlein kommet ..." erklang es gar feierlich. Mutter betete stellvertretend für alle zum Christkind. Man wünschte sich eine Weihnacht, und dann ging's mit roten Wangen und leuchtenden Augen zum Gabentisch. Ein jeder hatte einen eigenen süßen Teller, auch Oma und Opa. Einige dicke Äpfel mit selbst gebackenem Gebäck lagen auf einem Teller, der in der Mitte des Tisches stand. Dieser Teller gehörte allen gemeinsam. Die Kinder freuten sich über die selbst genähten neuen Hemden und die neu eingekleideten Puppen. Das Christkind hatte diese ja schon lange vor Weihnachten abgeholt und in die himmlische Puppenwerkstatt gebracht. Einige neue Spiele, Tiere für den Bauernhof, Bilderbücher und Malstifte erfreuten alle sehr. Alle waren zufrieden, und so verweilte man noch einige Zeit im Zimmer, um an dem frohen und glücklichen Treiben der Kinder teilzuhaben.

Als der Hunger kam, richtete die Mutter das Abendbrot in der Küche. Es gab Mettwurst und gute Schinkenbrote aus der eigenen Hausschlachtung, dazu Tee und Milch. Die Großeltern gingen um 21 Uhr zu Bett. Die Kinder durften noch eine Weile aufbleiben. Um 22 Uhr ging's dann mit Puppen und Pferden in die „Heiha“, natürlich im neuen Schlafanzug. Ein Gutenachtkuss und ein „Danke, liebes Christkind“, so fielen die Augen der glücklichen Kinder zu. Um 24 Uhr in der Mitternachtsmesse waren Vater und Mutter wohl etwas erschöpft, doch holten sie sich neue Kraft im Gebet und beim Gesang.

Dorothea Raub

WEIHNACHTEN 1945

Im Dezember 1945 mussten wir unsere Heimat, das Sudetenland, verlassen. Wir wurden in ein Lager in Zittau/Sachsen gebracht: Mutter, Großmutter, meine beiden kleinen Schwestern im Alter von zwei und vier Jahren und ich als Fünfzehnjährige. Immer wieder stellten wir uns die Frage, ob sich unser Vater noch am Leben befand und an welcher Front er zuletzt war. Seit langer Zeit fehlte jede Verbindung zwischen ihm und uns. Wie sollten wir uns je wiederfinden, denn durch die Vertreibung konnte er sich ja nie mehr an unsere alte Wohnanschrift wenden. Deshalb teilte meine Mutter unseren Aufenthalt einem in Sachsen lebenden Cousin mit.
Mitte Dezember ging unser Transport weiter in das Lager Lobau. Frierend und hungernd saßen wir auf der harten Bank im Zugabteil. In wenigen Tagen ist „Heiliger Abend“, dachte ich und war sehr traurig. Einen Zettel nebst einem winzigen Bleistiftstummel hatte ich in der Manteltasche. Die

Eindrücke, die ich empfand, kritzelte ich auf diesen Zettel, den ich noch heute besitze. Ich schloss dann die Augen und erinnerte mich an die schönen Weihnachtsabende, besonders vor dem Krieg. Die Zeit der Vorbereitung mit ihrer Geheimnistuerei vor dem Fest, der Duft von Gebäck, der Baum im Strahlen der Kerzen. Meistens gab es gebackenen Karpfen vor der Bescherung. Die Gegenwart empfand ich so kalt und trostlos. Ich hatte Sehnsucht nach Geborgenheit und Wärme.
Gegenüber saß Mutter mit der Kleinen im Arm, sie war ein sehr stilles Kind, selten weinte sie. Großmutter hatte sich in der Ecke des Abteils niedergelassen, gesenkten Kopfes schlummerte sie vor sich hin. Inge lehnte sich an mich, sie schien alles gar nicht so tragisch zu nehmen, unentwegt plapperte sie vor sich hin und stellte Fragen. Das sehr dunkle, fast schwarze Haar meiner Mutter war von Silberfäden durchzogen, für ihre 36 Jahre sehr früh, dachte ich. Vorher war es mir noch gar nicht so aufgefallen. Im fahlen Schein der Lampe bemerkte ich es auf einmal mit Erstaunen. Manchmal blieb der Zug auf offener Strecke stehen, die Fahrt schien mir eine Ewigkeit zu dauern. Endlich Endstation! Wir konnten aussteigen. Mehrere Menschen aus dem Lager Zittau gruppierten sich hier, wir waren in Lobau angekommen. Wieder mussten wir alle in ein Lager, es erwartete uns das gleiche Milieu

wie in Zittau, Ungeziefer allerdings war nicht so offensichtlich zu sehen. Nahrungsaufnahme war das dringlichste Anliegen aller Menschen. Essenmarken wurden verteilt, es gab etwas mehr zu essen als in Zittau. Öfter überraschte uns Stromsperre, da ging alles Leben bei spärlichem Kerzenlicht weiter. Ich hatte das Missgeschick, sämtliche Essenmarken der Familie zu verlieren. Daraufhin gingen Großmutter und Mutter vollkommen die Nerven durch, sie reagierten fassungslos. Für mich war es ein schlimmes Erlebnis, gern hätte ich alles wiedergutgemacht, aber wie? Irgendwie ging es weiter, verhungert sind wir jedenfalls nicht.

Am 24. Dezember brachte man uns in das Lager Hirschberg an der Saale. Massenquartier, schlafen auf Strohsäcken, meistens Sauerkrautsuppe als Mittagessen. „Heiliger Abend", nun war es so weit. In einer Ecke stand ein spärlich geschmückter Christbaum, von irgendwoher ertönten Weihnachtslieder, in der Ferne Glockenläuten. Wieder die Gedanken an Vergangenes, an den Vater, welcher, wenn er noch lebte, sich in einem Kriegsgefangenenlager aufhalten musste, wer weiß, unter welchen Umständen. Alle schliefen schon, da wurde die Tür aufgerissen, jemand rief unseren Familiennamen. Erschrocken saß ich aufrecht im Stroh, riss meine Augen auf, konnte nicht fassen, was ich sah. Im Türrahmen stand ein kleiner, schmächtiger

Mann in einem alten Militärmantel, auf dem Kopf die Mütze der ehemaligen deutschen Landser. Unser Vater war gekommen. Durch den bereits schon erwähnten Cousin hatte er erfahren, wo wir uns befanden. In einem ramponierten Rucksack brachte er Konserven mit, die er von den Engländern bekommen hatte. Wurst und Fleisch kannten wir schon lange nicht mehr, alles erschien uns wie ein Wunder in dieser „Stillen, Heiligen Nacht" 1945.

Im Lager brach Typhus aus, Quarantäne wurde verhängt. Nach einigen Wochen normalisierte sich die Lage wieder, die Quarantäne wurde aufgehoben.

Eines Tages standen Pferdefuhrwerke für uns bereit, die die einzelnen Familien in ihre neue Heimat Thüringen bringen sollten. Ein Landwirt, rotbackig und robust wirkend, erwartete uns, lud die paar Habseligkeiten, die wir besaßen, auf, half uns aufzusteigen, und los ging es mit Pferdewiehern und Peitschenknall. Die Landschaft fand ich lieblich, das Thüringer Land gefiel mir recht gut. Ich konnte mir vorstellen, hier eine zweite Heimat zu finden.

Heute leben wir schon so viele Jahre in Thüringen, viel hat sich inzwischen ereignet, Gutes und Schlechtes, Fröhliches und Trauriges wie in jedem Menschenleben.

Aber immer wenn Weihnachten nahte in den folgenden Jahren, weckten wir die Erinnerungen und ließen noch einmal die Geschehnisse der „Heiligen Nacht“ des Jahres 1945 an uns vorüberziehen.

Rosemarie Ritzen

ZUM GLÜCK GAB ES EINE SONDERZUTEILUNG

Wir waren aus Schlesien vertrieben worden und wohnten in einer Wohnung unterm Dach zu sieben Personen. Es gab wenig zu essen. Oft hatten wir nur Kartoffeln und Maisbrot im Haus. Meine Mutter lag viele Wochen im Krankenhaus, sodass meine 14-jährige Schwester und ich (17) neben der Schule auch für den Haushalt sorgen mussten. Wir suchten Wildkräuter und Eicheln, um den kärglichen Speisezettel zu bereichern. Aus den gemahlenen Eicheln wurden vor Weihnachten Plätzchen gebacken. Am 6. Dezember polterte ein Nikolaus die Treppe herauf und warf Äpfel und Gebäck in unsere Küche. Wir haben nie erfahren, woher diese Gaben kamen. Zum Glück gab es vor Weihnachten eine Sonderzuteilung Zucker und Margarine für Kinder. Mein Vater hatte im nahe gelegenen Wald Holz gesucht und dabei ein Nest mit Hühnereiern entdeckt. So konnten wir für die Feiertage einen richtigen Kuchen backen.

Am Heiligen Abend saßen wir alle zusammen in der bescheidenen Küche und sangen unsere Weihnachtslieder. Meine Mutter hatte aus Wollresten Handschuhe und Schals gestrickt, an andere Geschenke kann ich mich nicht erinnern. Frühmorgens, es war noch dunkel, stapften wir durch den Schnee ins Nachbardorf. Dort wurde um sechs Uhr die Uchte gefeiert. Das war unser erstes Weihnachtsfest fern der Heimat.

Anton Riesel

ALS MAN SICH NOCH ÜBER EIN SCHÄLCHEN KAFFEE FREUTE

Wir schrieben das Jahr 1946. Die schreckliche Zeit des Krieges war zu Ende. So langsam normalisierte sich alles wieder. Das Beste in jener Zeit waren die Gesundheit, so man sie einigermaßen behalten hatte, wenn man einen Heimkehrer begrüßen konnte und dass man zu essen und zu trinken hatte. Die Menschen spürten, wie nichtig und klein doch alles war gegenüber den Werten, deren unschätzbare Größe man während der langen, fürchterlichen Zeit schätzen gelernt hatte. Man versuchte, mit dem, was man besaß, sparsam umzugehen, und lernte das Verzichten auf etwas, was es nicht oder nur in geringen Mengen gab. Für jene, die in Ungewissheit und Angst lebten, weil eine Nachricht von einem Lieben längst überfällig war, war diese Zeit besonders schwer.

Ich hatte das große Glück, dass ich nach meiner fünften Verwundung, die in Bad Liebenstein in Thüringen ausgeheilt wurde, in amerikanische Gefangenschaft geriet und, bevor die Russen diesen

Abschnitt übernahmen, entlassen wurde. Im Februar 1946 habe ich meine Verlobte geheiratet.
In der Weihnachtszeit meldete sich ein neues Leben an. Auf Anraten des Arztes wurde meine Frau in das Krankenhaus in Steinheim eingewiesen. Dort wurde unsere Tochter am 12. Dezember 1946 geboren.
Vor größerem Schaden blieb unsere Heimat verschont. Anders als die großen Städte, deren Einwohner als Evakuierte nach hier geschickt wurden, oder die Menschen, die aus ihrer Heimat vertrieben wurden und ihr Dasein in der Fremde zubringen mussten.
Trotz all der großen Not, die auch 1946 noch herrschte, war das Leben, was die Ernährung betraf, doch auf dem Lande leichter, wenn auch nicht üppig. Aber mit Fleiß und Strebsamkeit kam man über die Runden. Auch jene, die das Landleben nicht kannten, lernten es, der Mutter Erde so manches abzuringen, und freuten sich über das eigene kleine Gärtchen.
So neigte sich auch dieses Jahr langsam dem Ende zu. Es nahte die zweite Weihnacht, die wir in Ruhe und Frieden zu feiern dachten. Neben dem täglichen Brot, das sicher die Hauptsache zum Leben war, herrschte immer große Freude, wenn es irgendeine Zuteilung von Sachen gab, die als Genussmittel galten und die es auf Sonderabschnitte der Lebensmittelkarte gab. Die Älteren, die dieses

erlebt haben, packt heute noch das Grausen. Ohne diese Karten gab es in den Städten nichts zu kaufen. Man versuchte, durch Tauschen an irgendetwas Essbares zu kommen.
Sicher wurde auch mit alldem Schindluder getrieben. Sprach man doch damals von einer Zigarettenwährung. Das Geld wurde immer weniger wert, und es dauerte noch Jahre, bis die neue Währung kam.
Eben zu diesem Weihnachtsfeste wurde für jede erwachsene Person ein Achtel Pfund (= 62,6 g) Bohnenkaffee aufgerufen. Diesen Genuss – und für viele eine große Köstlichkeit – kannten manche nur vom Hörensagen.
Besonders für die ältere Generation war diese Ankündigung etwas Wunderbares, auf das man sich nun schon freuen konnte. Dieser Kaffee kam aus amerikanischen Heeresbeständen, war gemahlen und wurde in großen Blechdosen luftdicht verpackt geliefert. Die Zuteilung für Vinsebeck wurde mir übertragen. Von einer überörtlichen Stelle der Verwaltung wurde mir die Ware zugestellt. So kam der Heilige Abend, der Tag der Ausgabe, den ich nie vergessen werde. Die Leute standen Schlange.
Meine Mutter und meine Schwester hatten alle Hände voll zu tun, musste doch der Kaffee immer in den kleinen Mengen abgewogen werden. Das ganze Haus duftete nach Bohnenkaffee. Besonders

bei den Frauen löste der Geruch geradezu eine Hochstimmung aus.
Nach langem Warten und vielen Mühen war es mir gelungen, von der Zeche Dorstfeld einen Lastzug Kohlen zu bekommen. Eben diesen habe ich mit einem Helfer eingesackt und abgewogen. Die Menge reichte aus, dass jeder Haushalt 40 Pfund der begehrten schwarzen Diamanten bekam.
So war draußen und drinnen bei uns Hochbetrieb, zumal es Heiligabend war. Man sah trotz Warten und Anstehen nur frohe Gesichter.
Einmal weil eine gemütlich warme Stube in Aussicht war, zum anderen für die weihnachtliche Kaffeetafel der so begehrte Bohnenkaffee, der sicher eine gemütliche Stimmung bringen würde.
An einen Geschäftsschluss, wie sonst an diesem Tage um 12 Uhr üblich, war nicht zu denken. Schon in aller Frühe hatte ich mit Genehmigung der gräflichen Verwaltung ein kleines Weihnachtsbäumchen aus dem Park geholt. Dieses habe ich geschmückt, verpackt in einen großen Karton, auf dem Fahrrad durch Schnee und Eis noch spät am Abend zum Krankenhaus gebracht. Dann habe ich mit meiner Frau und unserem Christkindchen Weihnachten gefeiert – natürlich mit einer guten Tasse Bohnenkaffee. Auch die Schwestern erhielten für ihre Mühe ein Tütchen. Diesen Heiligabend, an dem ich so viele Menschen froh ge-

macht habe, werde ich nie in meinem Leben vergessen.
Es war die Zeit, als man sich noch über eine kleine Menge Kaffeebohnen und 40 Pfund Kohlen freute. Für viele war es ein Geschenk nach dieser langen entbehrungsreichen Zeit.
Zur Christmette, die um Mitternacht in unserer so wunderschön geschmückten Kirche gefeiert wurde, war ich mit dem Fahrrad wieder zurück. Mein Motorrad stand noch wegen Benzinmangels eingemottet in der Garage. Für meine Frau und mich war unser Töchterchen das größte Glück und das schönste Weihnachtsgeschenk. In dieser Nacht habe ich dem Herrgott für die Hilfe und den Schutz während der langen schlimmen Jahre, für meine glückliche Heimkehr und für das ganz große Glück unserer damals noch kleinen Familie gedankt.

Brigitte Lange-Helms

ES ROCH NACH WALD UND ERDE

Eine große Erwartung kam auf mich zu, denn in diesem Jahr, so hatte meine Mutter uns versprochen, sollte endlich das Christkind wiederkommen. Die Jahre vorher musste es im Himmel bleiben, da auf dem Stückchen Erde, auf dem wir lebten, Krieg unter den Menschen war und sie sich nicht verstanden. Nun aber hoffte ich von ganzem Herzen und war sehr nervös, ob das Christkind auch zu mir und meinen Geschwistern kommen würde. Ob es uns auch finden würde? Alles um mich herum war so ruhig und ohne Aufregung in der letzten Zeit, und wenn ich auch noch so klein war – ich war gerade sechs Jahre geworden –, bemerkte ich doch, wie gut es tut, in einem richtigen Bett schlafen zu können und lange zu schlafen, ohne zwischendurch geweckt zu werden. Denn die schrecklichen Jahre vorher musste ich immer angezogen auf dem Bett liegen, da ja nachts jeden Moment ein Fliegerangriff kommen konnte. Wie oft wurden wir aus dem Schlaf geholt und eilten unter Angst zum Bunker. In den letzten Kriegsmonaten, als die Bombenangriffe besonders stark und intensiv wurden, lebten und schliefen wir nur noch im Bunker, was ich gar nicht schön fand. Es war also ein gutes Gefühl, ohne Angst und Sorgen jetzt jeden Tag spielen, essen und schlafen zu können und das bedrohliche Brummen der anfliegenden Bomber nicht mehr hören zu müssen. Darum war meine Erwartung besonders groß auf das so verheißungsvolle Christkind gerichtet.

Lange vor Weihnachten sang ich aus voller Kehle „Vom Himmel hoch, da komm' ich her“, ganz innig und immer und immer wieder, nur dieses eine Lied wie eine defekte Schallplatte. Die Familie meckerte manchmal lautstark darüber. Aber ich ließ mich gar nicht dadurch stören. Als Kind bemerkt man auch nicht so schnell, wenn ringsherum alles noch arm und bescheiden ist. Doch als es dann helles weißes Brot zu kaufen gab, freute man sich auch als Kind darüber. Ich durfte das Brot von der Brotfabrik abholen, die uns gegenüberlag, nahm es in den Arm und schnupperte daran. Das Brot roch herrlich, und ich steckte meine Nase ganz tief hinein. Ein köstlicher Duft ging durch meinen Kopf, den ich bis heute nicht vergessen habe.

Der Weihnachtsabend kam bald, und zaghafte, kleine Vorbereitungen für den Heiligen Abend wurden im Hause gemacht. Meine Mutter stand

in der Küche und backte aus Haferflocken Plätzchen, und in der Pfanne versuchte sie, aus Zucker und anderen Sachen Bonbons zu machen. Auch wurde von einem Tannenbaum erzählt, den mein Opa irgendwo abholen sollte. Wir Kinder durften ihn noch nicht sehen, er wurde vor uns versteckt, und erst Heiligabend sollten wir ihn sehen dürfen. Ich suchte lange und vergeblich nach dem Baum. Doch ich hatte kein Glück. Endlich war der Heilige Abend da. Wir mussten uns gründlich waschen und bekamen saubere Kleider an, saßen da und warteten auf das Läuten der Glocke vom Christkind, und so lange wurde gesungen und erzählt. Mir dauerte alles viel zu lange, und meine Unruhe wuchs sehr.
Endlich läutete das Glöckchen. Wir stürmten in das offene Wohnzimmer, das vorher immer abgeschlossen gewesen war. Und da stand der Weihnachtsbaum und strahlte in seiner bescheidenen Pracht. Es roch nach Wald und Erde und Sauberkeit. Und ich sah zum ersten Mal unsere Weihnachtskrippe, die lange Zeit eingepackt im Keller gelegen hatte. Ich war ganz begeistert von allem, was ich um mich herum sah. Es gab auch kleine Geschenke für uns Kinder. Sie lagen schön eingepackt auf dem großen Esszimmertisch, und da stand auch ein Teller mit einigen wenigen leckeren Sachen. Jeder durfte etwas davon nehmen. Für mich gab es ein Mär-

chenbuch, mein erstes, und daneben saß eine Puppe, sie war schon alt, aber hatte ganz neue Kleider an. Ich freute mich über alles sehr und fragte später einmal, wo denn das Christkind sei. Meine Mutter sagte mir, es sei sehr scheu und zeige sich nicht gerne. Später spielten meine Mutter und meine Schwester auf dem Klavier, und wir alle sangen dazu. Meine Großeltern erzählten uns schöne Geschichten von früher, und wir waren ganz zufrieden. Aber wir alle dachten auch an meinen Vater, der in russischer Kriegsgefangenschaft lebte, und es machte uns sehr traurig, denn wir wussten nicht, wie es ihm ging.

Dieses erste bewusst erlebte Weihnachtsfest ist ganz stark in meiner Erinnerung geblieben. Wenn es auch wenig gab an Geschenken, Essen und anderen Dingen – ich meine, das Weihnachtsgefühl war herzlicher, inniger und geheimnisvoller damals.

Gertrud Skalecki

ICH HÄTTE JUBELN KÖNNEN ...

Als Kind hatte ich zweimal Heiligabend ein Erlebnis, das sich mir besonders eingeprägt hat. So war ich Weihnachten 1943 von der Kinderlandverschickung aus bei einer Familie am Bodensee untergebracht. Ich hatte als siebenjähriges Mädchen großes Heimweh nach meinen Eltern und meinem Bruder. Als abends die Bescherung war, suchte ich vergeblich nach einem Gruß aus der Heimat und war sehr traurig. Artig bedankte ich mich bei meinen Pflegeeltern für ihre Geschenke, aber ich konnte mich nicht richtig freuen. Zur Kirche gingen die Leute auch nicht mit mir. Da fühlte ich mich sehr einsam und verlassen. Plötzlich sagte mein Pflegvater, ich solle doch einmal unter den Tisch schauen. Da entdeckte ich ein Päckchen von zu Hause. Die lange Tischdecke hatte es verdeckt. Ich hätte jubeln können! Nun war es auch für mich noch Weihnachten geworden.

Die zweite Begebenheit ereignete sich im Kriegsjahr 1944. Meine Eltern hatten mich vom Bodensee nach Hause zurückgeholt. Es war bereits der 24. Dezember. Mein Bruder war bei der Heimatflak stationiert. So saß ich allein mit meinen Eltern am Mittagstisch, als uns schmerzlich bewusst wurde, dass wir in diesem Jahr zum ersten Mal keinen Weihnachtsbaum haben würden. Es war vorher nirgendwo ein Bäumchen angeboten worden, so sehr meine Eltern sich auch bemüht hatten, eines ausfindig zu machen und zu kaufen.

Das Fenster stand offen. Plötzlich hörten wir das Geräusch eines Pferdefuhrwerkes aus der Nebenstraße, und eine Männerstimme rief laut: „Tannenbäume zu verkaufen!" So stürmisch habe ich meinen Vater noch nie vom Tisch aufspringen sehen. In Windeseile sauste er die Treppe hinunter, ich hinterher, und nun rannten wir beide, so schnell wir konnten, dem Pferdefuhrwerk entgegen, das bereits von einer dichten Menschentraube umgeben war. Mein Vater ergatterte tatsächlich noch ein kleines, total krummes und verwachsenes Bäumchen, aber wir waren überglücklich. Nachdem wir es geschmückt hatten, wurde es der schönste Weihnachtsbaum, den wir je gehabt hatten.

Wenn ich heute daran zurückdenke, weiß ich, wie wenig man braucht, um Heiligabend glücklich zu sein. Wir könnten ja nicht Weihnachten feiern, wenn Gott selbst uns nicht das größte Geschenk bereitet hätte. Mit der Geburt Jesu begann unsere große Heilsgeschichte. Wenn wir mit ihm das ganze Jahr über in Liebe und Treue verbunden bleiben, können wir immer wieder einen frohen und gnadenreichen Heiligabend feiern. Wenn wir dann noch liebe Menschen um uns haben, ist unser Glück vollkommen, auch ohne große Geschenke. Dann hat sich der Wunsch vom „gesegneten Weihnachtsfest" erfüllt.

Margarete Scholz-Buchmann

ÄRMER ALS MARIA UND JOSEF

Ich selbst bin am 19. Dezember 1946 geboren. Meine Eltern waren im Juli als Vertriebene aus Schlesien nach Kolenfeld-Wunstorf (Hannover) gekommen. Bei einem Bauern hatten sie Unterkunft gefunden. Für ihre Arbeit auf Hof und Feld bekamen sie Essen und Schlafen. Meine Mutter konnte mir keine Babyausstattung kaufen – es war kein Geld vorhanden. Von einer alten Frau bekam sie einen Pullover, diesen änderte sie um – die Ärmel als Hose, Vorder- und Rückenteil ein Jäckchen! Meine Eltern sagten mir immer, sie seien ärmer als Maria und Josef mit dem Jesuskind gewesen. Sie bekamen doch von den Hirten und Königen Geschenke. Wer schenkte schon einem Flüchtling etwas?

Weihnachten wurde ich gleich in der kleinen katholischen Kapelle in Wunstorf ohne große Feier mit Verwandtschaft getauft. Die Angehörigen waren durch die Kriegswirren überall verstreut, und man wusste oft gar nicht, ob sie noch lebten.

1951 bekamen wir dann zwei Zimmerchen. Meine Schwester wurde geboren, mein Vater bekam Arbeit in einer Ziegelei. Allmählich wurde es dann mit dem Geld etwas besser. Zu Weihnachten bekam ich eine Puppenstube; die kleine Puppe habe ich heute noch. Es war ja etwas Besonderes.
Den Nikolaustag 1951 werde ich nie vergessen! Ich wollte vom Nikolaus ganz viel haben. So putzte ich Papas große Stiefel. Die waren ganz groß und hoch. Da passte viel rein! Ich putzte und stellte Papas Stiefel vor die Tür und konnte vor Aufregung kaum schlafen. Am nächsten Morgen die große Überraschung: Die Stiefel waren leer! Nichts war darin. Nur ein Zettel lag da: „Margret, es sind nicht deine Stiefel. Man ist nicht so gierig! Gruß, Nikolaus." Wem mag es mehr wehgetan haben, meinen Eltern oder mir? Mir war es eine große Lehre. Ob Eltern heute auch noch so handeln würden?
Die Mütter haben in den Kriegsjahren auf der Flucht und dann in der Fremde immer versucht, etwas Besonderes für Weihnachten zu machen. Mit wenig wurde gebacken, aus Resten von Stoffen und Wolle genäht und gestrickt. Es gab Pellkartoffeln, mit Kakao bepudert, die wie Marzipankartoffeln aussahen. Kaninchenfell wurde als Muff verarbeitet. Jedes Mädchen hatte damals Anfang der 50er Jahre im Winter einen Muff. Die Puppen bekamen ein neues Kleid. Ich habe meine Puppe in der Ad-

ventszeit immer sehr vermisst; das Christkind hatte sie doch im Himmel, um sie neu einzukleiden. Zum Weihnachtsfest kamen auch alle Verwandten gern zusammen. Die Oma, der Opa, auch die ledige Tante gehörten dazu.

Hermann Multhaupt

DER DOPPELTE NIKOLAUS

Mit Wehmut erinnere ich mich an die Dezember meiner Kindheit. Mit Beginn des Monats setzte für uns Kinder immer die Zeit der Gewissenserforschung ein. Sie galt jenen kleinen und manchmal auch schon recht beachtlichen Bubenstreichen, die wir im Laufe eines langen Jahres unseren lieben Mitmenschen hatten angedeihen lassen.

Die Besinnung auf die dunklen Punkte geschah indes nicht von ungefähr und hatte ihren Grund: Am 6. Dezember, dem Nikolaustag, rechnete der weise Herr Bischof von Myra über Gut und Böse ab, und zwar – das mussten wir dem himmlischen Sendboten zugestehen – auf eine unheimlich gerechte Weise. Es gab kein Pardon, wohl aber gezielte Hiebe, wenn die Tinte im Schwarzen Buch fast eine ganze Seite bedeckte und die goldene Schrift für die guten Werke nicht einmal zwei volle Zeilen füllte. Den blauen wachen Augen St. Nikolaus' schien auch nicht das i-Pünktchen auf einer noch so kleinen Verfehlung zu entgehen. Alles wusste er, und

das will etwas heißen, wo doch die Entfernung vom Himmel zur Erde so entsetzlich groß ist.
Bis sich der Gast aus dem fernen Himmel selbst um seinen guten Ruf brachte. Es geschah wohl in der Mitte der vierziger Jahre, der Krieg war noch im Gange und die erzieherische Handschrift des Vaters fehlte. Kurz, nur der Großvater befehligte das Regiment der Daheimgebliebenen: Es fiel ihm oft schwer, sich gegen das Gänsegeschnatter der Frauenspersonen in seinem Haushalt durchzusetzen und die unruhige Meute der Kinder in Schach zu halten. Wir waren nämlich eine große Familie. Wir saßen also am 6. Dezember erwartungsvoll und – zugestanden – auch ein wenig kleinlaut auf dem Sofa in der Küche. Ich grübelte gerade darüber nach, ob der heilige Nikolaus wohl schon wüsste, dass ich im Sommer eine Katze in den Beichtstuhl der Kirche gesperrt hatte, und ob die Gans, die während der Sonntagspredigt des Herrn Pfarrers plötzlich hinter dem Hochaltar zu schnattern begann und auch auf mein Konto ging, im Schwarzen Buch des gestrengen Richters verzeichnet stand, da klopfte es dumpf an die Tür.
Der Großvater richtete sich in seinem Lehnstuhl auf und schielte über den Brillenrand auf die Küchentür. „Nanu“, sagte er, „kommt St. Nikolaus schon so früh?“ Gewöhnlich erschien der heilige Bischof nämlich pünktlich um sieben, und es fehl-

ten jetzt noch 20 Minuten an der vollen Stunde. Ich befühlte verstohlen das Stück Pappe, das ich mir vorsichtshalber hinten in die Hose geschoben hatte, und spürte mein Herz bis zum Hals hinauf in wilder Unregelmäßigkeit schlagen.

Bums! Da pochte es abermals, diesmal eindringlicher und fordernder an der Küchentür. Sieben Augenpaare hefteten sich fragend auf den Großvater. Der spürte, dass er zum Handeln aufgerufen war. Er erhob sich brummend, legte die Pfeife beiseite und tappte zur Tür. In diesem Augenblick wurde die Klinke herabgedrückt, und noch ehe der Großvater nachschauen konnte, wer draußen im Flur stand, schob sich St. Nikolaus in die Küche.

Aber was war das für ein heiliger Mann! Das war doch nicht jener himmlische Gast, den wir kannten und der jedes Jahr zu uns kam mit seinem langen, bis auf die Brust wallenden Bart, dem festlichen Chormantel, der bis auf die Stiefelspitzen herabfiel, und dem goldenen Bischofsstab. Dieser Nikolaus trug ein kurzes rotes Wams, das mit allerlei Schnallenwerk verziert und an den Ärmeln mit weißen Pelzstücken besetzt war. Auf dem Kopf saß ihm statt der hohen Mitra mit dem Kreuz eine steife Bommelmütze mit einem dicken buschigen Wollknopf darauf. Er hatte, wie wir mit Freude bemerkten, auch seine Bücher vergessen, in denen das Gute und Böse verzeichnet stand. Und überhaupt, sein Gesicht: Unter buschigen schwarzen Brauen blickten zwei kleine Äugelein, die Backen waren voll und rot wie reife Tomaten, und auch die Nase hatte etwas Ulkiges. So ähnlich sahen die Gartenzwerge aus, die beim Nachbarn im Tulpenbeet standen. Siedend heiß fuhr es mir über den Rücken bei dem Gedanken, dass ich im Sommer zwei von ihnen mit einem Spazierstock geköpft hatte. Auf dem Rücken des eigenartigen Besuchers wölbte sich ein prall gefüllter Sack, aus dem ein Stutenkerl herausschaute mit Rosinenaugen und einem Mund aus Marzipan.

„Was wollen Sie hier?“, fragte mein Großvater mit seiner tiefen Kapitänsstimme und blickte den komischen Nikolaus herausfordernd an.

„Ja, aber ich bitte Sie ...“, stammelte der gute Mann, „ich bin doch … ich bin doch …“ Er sprach nicht weiter, als er in die neugierigen Augen von uns Kindern sah, die die seltsame Erscheinung mit wachsender Unruhe musterten. Hinter vorgehaltener Hand flüsterte der Fremde auf meinen Großvater ein, gerade so laut, dass ich es am Kopf des Tisches mitbekam: „Sie haben mich doch bestellt!“

Bestellt?, durchzuckte es mich. Kam der Nikolaus nicht von selbst? Hatte er keinen himmlischen Auftrag?

„Wie bitte?" Der Großvater reckte sich. Wie eine mächtige Eiche stand er im Zimmer. „Was habe ich?"
Der Besuch wich zurück. Ha, dachte ich, selbst ein Nikolaus kneift vor meinem Großvater! Ich bekam Mut. Ich stand auf und trat näher. Warum hatte ich meinen Opa nicht schon früher am 6. Dezember zur Abwehr eines drohenden Donnerwetters herangezogen? Klein und unscheinbar sah er plötzlich aus, der ferne Bote, wie er mit dem Rücken zur Tür stand und unbeholfen zu erklären versuchte, warum er nun eigentlich hier sei. „Sie haben mich doch … Ich bin doch der Weihnachtsmann."
„Wir brauchen keinen Weihnachtsmann!", donnerte mein Großvater. „Besten Dank für das Angebot. Zu uns kommt der Nikolaus, und zwar höchstpersönlich, verstanden?" „Jawoll!", nickte der Weihnachtsmann, seine Bommelmütze rutschte ihm in den Nacken, nun sah er noch komischer und mickriger aus. Dann sagte er: „Verzeihung, ich habe mich wohl in der Hausnummer geirrt."
„Mensch, Opa, du bist ein Pfundskerl", brüllte Herbert, der noch vor wenigen Minuten schlotternd in der Sofaecke gekauert hatte und das Jüngste Gericht drohend über sich hereinbrechen sah. „Schmeiß den echten Nikolaus nur gleich auch vor die Tür."

Auf Opas Stirn schwoll eine Zornader an. Aber er unterdrückte die Schimpfkanonade, setzte seine ausgebrannte Mutz wieder unter Dampf und paffte, dass der selbst angebaute Tabak im Pfeifenkopf zischte und schmorte.

„Haha“, krähte ich übermütig. „Vielleicht kommt der Nikolaus heute gar nicht. Vielleicht habt ihr vergessen, ihn herzubestellen. Wisst ihr, man muss ihn nämlich bestellen, das habe ich soeben selbst gehört“, fügte ich, mich im Kreise umblickend, triumphierend hinzu und machte ein Gesicht wie ein Geheimnisträger.

Großvater sah mich einen Augenblick durchdringend an. Irgendetwas in ihm schien einen Knacks bekommen zu haben und zerbrochen zu sein. In seinen Augen las ich es ganz deutlich. Er war plötzlich müde, obgleich rings um ihn her ein übermütiges Gefrage und Gelächter begann und auf ihn einstürzte.

„Den Nikolaus muss man bestellen? Er kommt gar nicht von allein?“, fragte Fritz mit seiner hellen piepsenden Stimme. „Vielleicht gibt es auch gar keinen richtigen Nikolaus, Leute, wo es doch einen Weihnachtsmann gibt …“, ergänzte ich. Die Erwachsenen stürzten sich wie Krähen auf mich, hackten mit Worten auf mich ein, eine wahre Flut entlud sich über meinem schuldigen Haupt.

Nur der Großvater sagte nichts. Er saß in seinem Sessel, ein wenig vorgebeugt, biss auf die Pfeife und sog und paffte, bis ihm die duftenden Tabakswolken Tränen in die Augen trieben – und das will schon etwas heißen bei einem alten Seebären.
Um sieben, pünktlich wie alle Jahre, erschien dann der echte Nikolaus oder besser der, den wir bis dahin für den wahren Bischof von Myra gehalten hatten. Wir Kinder, die wir nun dem Geheimnis der Verwandlung auf die Spur gekommen waren, betrachteten ihn mit anderen, mit neuen Augen. Herbert, der ihm am nächsten saß, behauptete anschließend, der Nikolaus trage gar keinen echten Bart, er sei bestimmt angeklebt, und auch mit den Locken, die unter seiner Mitra hervorquollen, sei etwas nicht in Ordnung gewesen. Und überhaupt ...
Wir aßen die Plätzchen, die der Bischof mitgebracht hatte, und knackten die Nüsse, aber es war nicht mehr jene feierliche Handlung, die in den Vorjahren damit verknüpft gewesen war. Wir kamen uns vor wie kleine Erwachsene, die hinter ein Geheimnis gekommen waren und den großen Leuten einen Streich gespielt hatten. Doch so recht von Herzen glücklich schien keiner von uns.
Großvater lachte wieder mit seinen Enkeln, nicht ganz so lustig vielleicht wie zuvor, er redete und tat, als sei nichts Weltbewegendes geschehen. Und doch hatte sich eine Menge ereignet. Wie groß die

Veränderung in uns an jenem Abend wirklich gewesen war, wurde uns erst im Laufe der Jahre bewusst.
Wir waren über ein Stück unserer Kindheit hinausgewachsen, über einen Lebensabschnitt, der endgültig beendet wieder. Kein Nikolaus brachte ihn wieder.

Hermann Multhaupt

DAS SCHUCO-AUTO

Wenn ich an die überladenen Weihnachtstische der Kinder heute denke, auf denen kaum etwas fehlt, was sie sich gewünscht haben, erinnere ich mich an das Nachkriegsjahr 1946, als ich zu Weihnachten ein Schuco-Auto geschenkt bekam. Es konnte auf dem Tisch herumfahren, ohne herunterzufallen. Ein Mechanismus ließ es an der Tischkante immer wieder kehrtmachen. Den Mann, dem ich dieses Auto verdankte, nannten wir „Onkel Erni". Er war ein Freund meines Vaters, der sich noch in französischer Kriegsgefangenschaft befand. Er ließ auch stets die überdrehte Feder der Lok reparieren, sodass die Eisenbahn Weihnachten wieder ihre gewohnten Runden drehen konnte.

Wenn Onkel Erni mit dem Auto vorfuhr, verschloss er den Wagen nie. Das war auch nicht nötig, einen Diebstahl musste man nicht befürchten. Wir Jungen machten uns einen Spaß daraus, das Auto auf der einsamen Dorfstraße hin und her zu schieben, wobei einer am Steuer saß und lenkte. Kamen wir nicht aus der Gosse, so drückten wir auf den Anlasser, der neben der Kupplung am Boden saß und den Wagen ruckweise beförderte. Starten konnte man ihn damit nicht.

Was wir nicht wussten: „Onkel Erni" war Halbjude und 1943 wie alle jüdischen Männer „wehrunwürdig" aus der Wehrmacht ausgeschlossen worden. Darunter hat er stets gelitten, jedoch nie darüber gesprochen. Er war nach der „Arisierung" des Betriebes, in dem er gearbeitet hatte, nach Frankfurt übergesiedelt, vielleicht auch, um der Verfolgung durch die Gestapo aus dem Wege zu gehen. Sein Onkel, ebenfalls mit Namen Ernst, hatte sich 1939 nach der „Arisierung" seiner Holzwarenfabrik das Leben genommen. Seine Frau und Kinder endeten im KZ.

Nach dem Krieg kamen ehemalige Nazis, brachten Geschenke und hofften, von „Onkel Erni" einen „Persilschein" ausgestellt zu bekommen, dass sie nicht zu den Judenverfolgern gehört hätten.

Wenn man älter wird, erinnert man sich an besondere Augenblicke in der Kindheit. Dazu gehören das Schuco-Auto und sein Stifter Ernst Rose aus Beverungen. Ich würde ihm heute gern danken, doch er lebt nicht mehr. Er starb viel zu früh an den Folgen einer Gallenoperation.

Marianne Zieger

IM NACHTHEMD BEI EISIGER KÄLTE AUF DER STRASSE

Wir lebten kriegsbedingt in einem Sauerland-Städtchen in einem kleinen, alten Fachwerkhaus. Darin bewohnten wir ein Schlafzimmer und eine winzige Küche. Es war klein, aber sehr heimelig. Die Toilette lag neben unserer Küchentür. Ich denke heute noch sehr gern an dieses gemütliche kleine Heim zurück.
Da die Zimmerdecken niedrig waren, konnten wir nur ein Mini-Tannenbäumchen zum Weihnachtsfest aufstellen. Ein paar Kerzlein hatten wir mühsam selbst gezogen. Am Heiligen Abend sollte alles festlich hergerichtet werden.
Besonders freuten wir uns schon auf ein paar schöne Tage, die wir zusammen mit unserem Vater verleben wollten. Er würde sich extra einen längeren Urlaub nehmen. Aber es kam alles anders, als wir es uns gewünscht hatten.
In der Nacht vom 21. zum 22. Dezember schlief meine Mutter nicht besonders gut. Das war unsere

Rettung. Sie schreckte plötzlich hoch und verspürte Brandgeruch. Dazu muss man wissen, dass sich unter uns im Erdgeschoss eine Backstube befand. Der Ofen wurde damals noch mit Briketts geheizt. In einer Ecke lag außerdem immer Holz zum Trocknen. Meine Mutter sprang auf, um dem Geruch auf den Grund zu gehen. Sie zog den Vorhang, der Küche und Schlafzimmer trennte, zur Seite, und schon schlug ihr dicker Rauch entgegen.
Noch heute bewundere ich die Umsicht und Ruhe, die meine Mutter bewies. Sie weckte mich mit den Worten: „Du musst aufstehen. Es wird Zeit. Zieh dir schon mal Strümpfe, Hose und Schuhe an." Ich glaubte natürlich, halb verschlafen, wie ich war, ich müsste zur Schule. Da sagte meine Mutter ganz ruhig: „Es brennt nämlich." Mit einem Satz sprang ich aus dem Bett, riss das Fenster auf und rief, so laut ich konnte: „Feuer! Feuer! Feuer!" Dann warf ich das Bettzeug und die Matratzen sowie Kleider, Mäntel, Schuhe und Strümpfe hinaus. Wenn wir springen müssen, fallen wir weich, dachte ich. Inzwischen weckte meine Mutter unsere Nachbarn, eine Frau mit vier Kindern, deren Mann in Russland kämpfte. Als sie zurückkam, sagte sie ruhig: „Es sieht böse aus. Links von unserer Wohnung steht das Haus in Flammen, aber das Treppenhaus ist noch zu begehen. Schnell! Wir müssen hier raus! Die Flammen haben sich schon durch den Tür-

rahmen gefressen!“ Da hörten wir auch schon von unten Stimmen. Jemand hatte die schwere Haustür aufgebrochen, und so konnten wir dem Inferno glücklich entrinnen. Draußen hatten die Nachbarn bereits eine Eimerkette gebildet dank eines Dachdeckers, der gegenüber wohnte. Andere wiederum hatten unsere Habe in Sicherheit gebracht.
Als ich zur Besinnung kam, fand ich mich im Nachthemd bei eisiger Kälte auf der Straße wieder. Einige junge Burschen, die nach ihrer Musterung lustig singend auf dem Heimweg waren, hatten meine Rufe gehört und waren sofort zu Hilfe geeilt. Einer von ihnen legte mir seinen Mantel über die Schultern. Nachbarn führten uns dann ins Warme, wo wir alle unsere Habseligkeiten wiederfanden. Es fehlte nichts – außer einem einzigen Schuh. Von der Arbeit der Feuerwehr habe ich nichts mitbekommen. Der Brand war in der Backstube ausgebrochen.
In den nächsten Wochen wohnten wir dann sehr beengt bei meiner Tante. Trotz meiner eigenen und meiner Mutter Umsicht und Ruhe standen wir doch gewaltig unter Schock. So war ich nicht dazu zu bringen, solange der Brandgeruch vorhanden war und keine neuen Betondecken eingezogen waren, in der ansonsten – trotz Wasserschaden – bewohnbaren Wohnung zu schlafen.
Und dann war zwei Tage später Heiligabend. Wir verlebten ihn bei meiner Tante und ihrer Familie.

Es soll ein sehr trister Abend gewesen sein. Unsere wenigen Geschenke waren verdorben. Zum Singen und Musizieren war niemand zu bewegen. Ich selbst muss gestehen, dass ich keinerlei Erinnerung an jenen Abend habe. Ob ich meinem himmlischen Vater und meinem Schutzengel damals für die Errettung aus Lebensgefahr gedankt habe, weiß ich auch nicht mehr, hoffe es aber. Noch heute, ich muss es ehrlich zugeben, habe ich eine entsetzliche Angst vor Feuer.

Resi Vahle

DAS NADELKISSEN WAR AUS DEM VORDERTEIL DER GASMASKE

An die Weihnachtszeit von etwa 1944 bis 1948 kann ich mich noch gut erinnern, und es drängt mich schon lange, einmal alles aufzuschreiben. In einer Zeitung habe ich vor drei Jahren unser erstes Blitzlichtfoto von einem Fotografen veröffentlicht mit einer Weihnachtsgeschichte, die ich erlebt habe. Auf dem Foto mit meinen zwei Brüdern und einer Schwester haben wir alle richtige Kugelaugen. Im Hintergrund sind ein Knusperhaus und der Weihnachtsbaum. Ich kann mich jetzt noch daran erinnern, wie das Knusperhaus gebacken wurde. Es gab ja keinen Zucker und keine anderen Zutaten. Deshalb wurden Printen und auch das Knusperhaus überwiegend aus Rübenkraut gebacken. Das Rübenkraut wurde im Herbst aus Zuckerrüben hergestellt und für das ganze Jahr in Milchkannen aufbewahrt. Meine Mutter bestrich ausgestochene Printenherzen mit Zuckerguss, der mit Himbeersaft rosa gefärbt war.

Für die äußere Feier von Weihnachten waren früher sehr große Anstrengungen nötig. Auf den Bauernhöfen gab es große Familien, Knechte und Mägde. Alles Essen wurde selbst hergestellt. Deshalb schlachtete man zu Weihnachten noch ein Schwein. Das Fleisch wurde aber nicht wie heute in die Gefriertruhe gepackt, sondern eingesalzen, eingekocht und als Wurst in Dosen aufbewahrt. Für Speck und Wurst wurden dann auch Weihnachtsgeschenke gehamstert, wie das damals üblich war. Wer etwas gegen Essbares zu tauschen hatte, hatte wenigstens Weihnachten etwas auf dem Tisch.
Wir bekamen damals Krimmerstoff, so etwas wie Pelzimitat. Daraus wurden Mäntel mit Mützen genäht. Kragen, Besatz und Muff gab es aus Kaninchenfell. Ich besaß sogar einen schwarzen Mantel aus Pelzimitat, das wie Persianer aussah, von meiner Oma. Der war so warm, dass sich andere Mädchen in der Schulpause die Hände in meinen Manteltaschen wärmten. Einmal bekam ich Gummistiefel von meiner Cousine, da war ich die Einzige, die Stiefel hatte. Die meisten Kinder hatten Mäntel aus Pferdedecken und trugen Holzschuhe. In den Jahren holten sich die Leute Wolle und Garn, die in Waggons aus dem Ruhrgebiet kamen. Daraus wurden Strümpfe und Pullover gestrickt. Ich weiß noch, dass eine Tante ganz dünne Fäden zusammenlaufen ließ, sodass etwa fünf bis

sechs Fäden erst das Garn zum Verstricken ergab. Aus Schafwolle wurde Wolle gesponnen oder zum Spinnen weggebracht, um daraus alles selbst herzustellen.
Die Winter waren sehr kalt, besonders die von 1943 und 1944. Die meisten Wege wurden zu Fuß gemacht. Wir wohnten drei Kilometer von Schule und Kirche entfernt. Wenn kein Schnee lag, fuhr auch schon mal die Kutsche. Wir hatten auch damals schon einen Traktor, aber der sprang bei eisiger Kälte nicht an. Dann musste er mit einer Kurbel angedreht werden, oder ein Pferd musste ihn anziehen. Bei hohem Schnee schob das Pferd mit einem einfachen hölzernen Schneepflug die Straße frei, damit wir überhaupt zur Schule gehen konnten. Man kann heute den jüngeren Leuten und auch den eigenen Kindern gar nicht mehr erklären, wie es früher war.
Wir besaßen schon eine Heizung vom Küchenherd aus, aber im Krieg gab es keinen Koks, dann wurde nur mit Holz, Briketts oder Schlammkohle geheizt, falls man etwas bekam. Mit schwarzen Rollos aus dickem Papier wurden abends die Fenster abgedunkelt. Wenn Alarm war oder Flugzeuge zu hören waren, hängte mein Vater noch seine Mütze über die Lampenkuppel über dem Herd.
Was ich heute nicht mehr weiß, ist die Sache mit den Weihnachtsbäumen. Sie kamen damals noch

alle direkt aus dem Wald. Irgendwie war immer einer da. Durch das Schlüsselloch wurde auch damals schon geguckt, wenn das Christkind im Wohnzimmer herumhantierte. Einmal bekamen wir zu dritt ein Fahrrad mit einem roten Sattel. Damit durften wir dann abwechselnd zur Schule fahren.

In den Kriegsjahren lebten fast in jedem Haus Verwandte, die im Ruhrgebiet ausgebombt waren. Unser Nachbarskind war in Bochum zu Hause, und die Wohnung war auch bombardiert worden. Es konnte sonntags immer erst ins Hochamt gehen, weil es die Schuhe der Mutter anziehen musste, die in die Frühmesse ging. Im Übrigen gab es zu Weihnachten meistens nur Sachen, die unbedingt nötig waren, mal eine Puppe oder einen Puppenwagen von Verwandten oder mal ein Buch.

Einmal habe ich die Weihnachtsgeschenke schon vorher aufgestöbert. Ich sollte für meine Mutter etwas aus dem Wohnzimmerschrank holen und entdeckte zwei neue, handgestrickte Strickjacken, die aus kratziger Wolle gestrickt waren mit Noppen auf den Ärmeln und Norwegermuster im Vorderteil. Dann lagen im Schrank noch drei Bälle, aber nicht aus Gummi, sondern aus Wolle gehäkelt und innen mit Holzwolle ausgestopft. Ich habe nie einen Gummiball bekommen, denn die gab es erst viel später wieder. Dann kann ich mich an Pantoffeln erinnern, die eine Schneiderin aus alten Hosen

nähte, mit Stoffsohlen und aufgenähten Schmetterlingen. Eine Tante, die im Kloster war, machte aus Resten Nadelkissen und dergleichen. Zu Weihnachten musste ich immer etwas Essbares als Paket hinbringen. Da schenkte sie mir ein Nadelkissen, das aus dem Vorderteil einer Gasmaske bestand, die jeder damals im Haus haben musste. Das Nadelkissen habe ich heute noch, nur mal mit neuem Stoff überzogen. Die grüne Farbe ist noch original von damals.
So könnte ich noch vieles aufschreiben von den Erinnerungen an damals. Durch die Armut und die Entbehrungen war aber der Zusammenhalt in den Familien sehr viel größer als heute. Wer das alles damals miterlebt und dann noch Angehörige im Krieg verloren hatte, hielt doppelt zusammen. Der Bruder meiner Mutter wurde 1944 in Russland als vermisst gemeldet und ist auch nicht zurückgekommen. Wir mussten jeden Tag für ihn beten.

Therese Schulte

PRINTEN UNTER DEM HEU VERSTECKT

Weihnachten 1946. Da wir sieben Kinder hatten – die vier älteren waren Mädchen, die drei jüngeren Jungen im Alter von sieben, neun und zwölf Jahren –, gab es zum Fest immer viel vorzubereiten. Schon im Februar sammelte ich Weihnachtsgeschenke. Durch unsere große Familie hatte ich außer den Lebensmittelkarten noch die Kleiderkarten. Sah ich in der Stadt etwas Passendes, wurde es gekauft und dann in einer großen Truhe eingeschlossen. Da wir eine Landwirtschaft besaßen, wurden im Herbst die weißen Runkeln gesammelt, um daraus Sirup zu kochen. Mit diesem Sirup machte ich dann Tauschgeschäfte. Man nannte das damals „kompensieren". Für 50 Pfund bekam ich eine Armbanduhr, für 30 Pfund Metallbaukästen. Natürlich alles gebraucht. Für die Töchter gab es zu Weihnachten Wäsche für die Aussteuer, die ich dann immer von meiner nahm, die ich für schlechte Zeiten aufgehoben hatte.

In der Adventszeit wurde gebacken. Zuerst kamen die Printen an die Reihe. Acht Tage vor dem Fest der Spekulatius. Das Mehl für die Weihnachtsbäckerei habe ich mit einer Handmühle gemahlen und gesiebt. Für die Printen durfte das Mehl etwas grober sein. Der Teig musste zwei Tage liegen. Morgens um vier Uhr, ehe ich zum Melken in den Stall ging, fing ich an zu backen, damit alles fertig war, wenn die Kinder zur Schule mussten. Der Spekulatius wurde abends geknetet und auf einem Spekulatiusbrett ausgerollt, am anderen Morgen ausgeschlagen und gebacken. Alles Gebäck kam nun in eine große Milchkanne. Ich versteckte sie auf dem Heuboden unter dem Heu. Als die Jungen einige Jahre älter waren, haben sie mithilfe unseres Hundes leider das Versteck ausfindig gemacht.
Und dann kam der Heilige Abend. Es war damals noch Sitte, dass die Bescherung nach der Uchte um fünf Uhr morgens am ersten Weihnachtstag stattfand, und das war ja für die Kinder eine lange Wartezeit. Die Tiere mussten auch erst versorgt werden. So gingen sie ohne Murren am Heiligen Abend schon früh schlafen. Als sie dann alle aus der Uchte kamen, war die Bescherung. Die Älteste las das Weihnachtsevangelium vor, und alle sangen erwartungsvoll „Ihr Kinderlein, kommet". Aber dann waren sie nicht mehr zu halten. Es war für mich der schönste Augenblick im Jahr, dieser Jubel

und Trubel! Da habe ich mir immer gewünscht, ich müsste in dieser Stunde mehrere Augen haben, um alles zu sehen, was in der Weihnachtsstube vor sich ging. Dann das gemütliche Kaffeetrinken. In der Mitte des Tisches – so war es damals Brauch – stand ein großer Rodonkuchen. Für die Kinder war an diesem Tag die größte Sorge, dass jemand an ihren Teller ging.

Abends war dann großes Familientreffen. Unsere Oma lebte noch bis 1951. Und so kamen von ihren vielen Söhnen, die alle in der Nähe wohnten, die Ehefrauen und Kinder zum Weihnachtssingen. Und natürlich gab es dann noch Abendbrot mit selbst gemachter Wurst und Kartoffelsalat. Ich denke noch oft an diese Weihnachtstage zurück. Für mich war die schönste Belohnung, wenn meine Nichten und Neffen, die heute auch schon große Kinder haben, am Weihnachtsabend „Auf Wiedersehen" sagten und „Danke, Tante Treschen, endlich mal wieder satt geworden!"

Am zweiten Weihnachtstag gab es fast überall Bratkartoffeln mit Kohl und Mettwurst. Heute kommt ja nun schon wieder eine neue Generation zum Weihnachtsfest, aber wir sprechen noch oft und gern von der alten Zeit. Ein Sohn, der 1959 in den Norden Kanadas auswanderte, wo er sich eine Farm aufgebaut hat, schrieb in einem Brief: „Wir feiern Weihnachten genauso wie bei uns zu Hause!"

Dr. Michael von Fürstenberg

GOLD, WEIHRAUCH UND MAGGI

Weihnachten in Krieg und Nachkriegszeit. „Weihnachten wurde unendlich dankbar gefeiert ... Wir trennten uns alle schwer von Weihnachten. Wie wird es nächstes Jahr sein?" So beginnen und enden kurze Aufzeichnungen meiner Mutter zu Weihnachten 1944, und ich erinnere mich, damals knapp drei Jahre alt, noch an manche Einzelheiten dieses Weihnachtsfestes in der Lausitz. Der Weihnachtsbaum ging vom Fußboden bis unter die Decke, an der Krippe wurde oft gesungen, Mutter machte auch gerne einmal eine einzelne Kerze an und betrachtete sie, ich hatte lieber viele Kerzen. Bei den Geschenken zog ich das Spielzeug den „Anziehsachen" vor, die meiner Meinung nach in den Schrank gehörten und nicht auf den Geschenktisch. Vater hatte mir kleine Häuschen aus Holzklötzchen gesägt und bemalt, ich bekam kleine Spielzeugtiere und einen hölzernen Kerl, der ein schräges Brett herunterwackelte. Damals sagte ich: „Die Heiligen Drei Könige brachten dem Jesuskind Gold, Weihrauch und ... Maggi." Gold war etwas ganz Wertvolles, das wusste ich, Weihrauch erlebte ich in der Kirche, aber Myrrhe? Das musste Maggi sein, das es im Krieg, wenn überhaupt, nur an hohen Festen und dann in einzelnen Tropfen gab!

Wie wird es nächstes Jahr sein? Viele Menschen haben damals so gedacht. Nach abenteuerlicher Flucht mit meiner Mutter – der Vater fand uns nach dem Waffenstillstand auf dem Fluchtweg wieder – wurden wir Weihnachten 1945 schließlich bei meiner Tante im münsterländischen Freckenhorst aufgenommen. Beengt zwar, aber dafür mit umso größerer Liebe. Weihnachten feierten wir in einer Großfamilie mit unterschiedlichsten Sorgen. Ein Schwiegersohn meiner Tante war in Gefangenschaft, der andere gegen Kriegsende gefallen ... drei kleine Kinder. Zu essen gab es nicht viel, und doch wurde geholfen, wo die Not größer war.

Wurde uns Kindern die Advents- und Weihnachtszeit besonders intensiv nahegebracht? Die Messen und Andachten in der nahe gelegenen fünftürmigen Stiftskirche waren selbstverständlich und machten Freude. Bei einer Lichterprozession in der Kirche ging mir die Kerze aus, und ich war sehr stolz, als der „Herr Prälat" sie mir wieder ansteckte. Gesungen wurde aber nicht nur in der Kirche, sondern auch zu Hause und bei einer aus Münster evakuierten Professorenfamilie, die besonders schö-

nes Spielzeug gemacht hatte. Dass zum Beispiel „Tauet, Himmel, den Gerechten“ und „O komm, o komm, Emanuel“ in den Bistümern Münster und Paderborn andere Melodien hatten, merkte ich ein Jahr später. Der Nikolaus wurde mit gewisser Beklemmung erwartet, aber dann war das Gute (Nikolaus) stärker als das Böse (Ruprecht), eine für mich wichtige Erfahrung. Die Bilder des vom Vater gemalten Adventskalenders sind mir teilweise noch vor Augen. „Stille Nacht“, das Weihnachtsevangelium und „O, du fröhliche“ kamen mir am Heiligen Abend sehr lang vor, hatte ich doch schon meinen Tisch entdeckt durch die Häuschen mit Schieferdach, blau, die anderen Kinder hatten von Vater Häuschen mit roten Dächern bekommen. Die Kirche dieses Spieldorfes hatte runde, also romanische, und spitzbögige gotische Fenster. Ich lernte so „spielend“ Baustile. Später kam noch eine Kirche dazu, damit ich den Barock einordnen konnte. So wusste ich nun, dass der Turm der Stadt Bethlehem hinter der großen Krippe der Stiftskirche gotisch war, die Bekrönung eines alten Sakramentshauses.
Weihnachten 1946 waren wir dann in einer eigenen kleinen Dachwohnung bei meinem sehr verehrten Patenonkel in Körtlinghausen bei Kallenhardt gelandet. Der Nikolaus brachte mir ein Kaninchen, die „Alte Dicke“, Stammmutter vieler Kaninchen, die wichtiger Beitrag zur Ernährung waren.

Aber wie sollten wir den Baum schmücken? Mutter schnitt schmale Streifen Stanniolpapier als Lametta. Aber Kerzen? „Es muss auch ohne Kerzen gehen. Hauptsache, wir haben eine Krippe“, beschloss mein Vater, und die hatte er schon gemacht: auf Pappe gemalte, ausgeschnittene Figuren. Sinnige Gesichter sahen mir lieben Menschen ähnlich. Kurz vor Weihnachten kam aber noch ein Paket aus Amerika mit wichtigen Hilfen zur Ernährung und Kleidung, etwas Knetgummi und einem Paket Weihnachtskerzen in allen Farben. Das in jeder Beziehung größte Geschenk kam von meinem Patenonkel. Durch Holzlieferungen war es ihm möglich gewesen, für die Kinder des schlesischen Waisenhauses, die er im Haupthaus aufgenommen hatte, eine Serie Schlitten zu bekommen und eben einen für mich. Mein Schlitten hatte Weihnachten schon Metallkufen, für die anderen kamen diese erst später – wie kam man 1946/47 überhaupt an Eisen? –, und da waren die Holzkufen teilweise schon sehr abgefahren.
Weihnachten 1947. Nach dem Tod von Ama, meiner Großmutter, war uns deren Krippe aus der Sowjetzone geschickt worden. Kerzen und Christbaumschmuck gab es auch. Meine Mutter legte ein kleines Stück des von ihr vor einem Jahr gefertigten Stanniol-Lamettas in die Krippe ihrer Eltern zum Jesuskind – es liegt heute noch da. Nach Bescherung

und Abendessen, das ich unnötig fand, Plätzchen schmeckten mir besser, wurde ich ins Bett gesteckt. Ich ging ohne Widerspruch und wurde wenige Stunden später geweckt. Erstmals durfte ich zur Mitternachtsmesse in der Kapelle St. Maria Magdalena mitgehen, nach altem Brauch dort wirklich um 24 Uhr beginnend. „Auf, Christen, singt festliche Lieder" ist für mich seitdem das Eingangslied der Weihnachtsmesse. Ein Onkel hatte mir ein blaues Spielzeugauto geschenkt, aufzuziehen mit einer einfachen Feder. Es konnte sogar im Kreis fahren. Die Erwachsenen meinten, das Auto würde nicht lange halten. Es hat meine Spielautos alle überlebt und tut heute noch seinen Dienst. In diesem Jahr begannen wir auch, die Krippen der benachbarten Kirchen zu besuchen. Die „Nickneger" faszinierten mich besonders. An ihnen lernte ich, dass man sich bedankt, wenn man etwas bekommt. Einer der beiden „Nickneger" in Suttrop bedankte sich besonders für meine kleine Gabe. Er nickte etwas länger als die anderen.

Weihnachten 1948 wurde zur Mitternachtsmesse erstmals die Monstranz aus ihrem Kriegsversteck geholt – großes Staunen. Aber das gehört nicht mehr hierher, inzwischen war ja die Währungsreform durchgeführt. Auch als Kind spürte man, dass es wieder aufwärts ging. So sei zum Abschluss nur an die große Freude erinnert, als Papst Pius XII. bei der Eröffnung des Heiligen Jahres 1950 die deutschen Pilger im Petersdom bat, das Lied „Stille Nacht“ zu singen. Sie konnten es damals auswendig. Könnten wir das heute noch?

Ute Mahon

CHRISTKINDCHEN BACKT

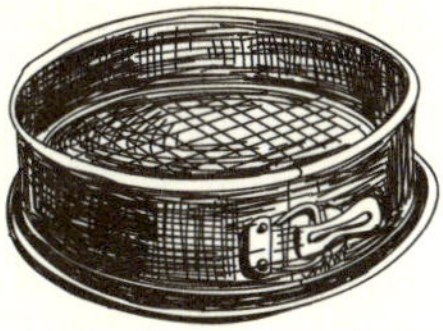

Auf meinem Küchenschrank steht eine große rote Blechdose, verziert mit dem Bild eines fröhlichen kleinen Schneemannes mit Hut, langem Schal und einer roten Nase, der ein Bonbon in der Hand hält. Es ist eine Hustelinchendose der Firma „Villosa“ aus meiner lieben Heimatstadt Hagen. Vor langer Zeit wurden in solchen Dosen Villosas Hustenbonbons, die Hustelinchen aufbewahrt – eine klebrige, malzige, angeblich gesunde Nascherei.

Doch mit dieser Dose hat es eine eigene Bewandtnis. Sie ist für mich ein Stück Kindheit, ein tägliches Erinnertwerden an die Heimat und viele Kinder- und Jugendweihnachtsfeste. Allein der Name „Villosa“ genügt, um Gedanken und Erinnerungen zu erwecken, denn ganz in der Nähe dieser Bonbonfabrik lag meine erste Schule.

„Du weißt ja, wenn du in der Schule nicht mitarbeitest und die Aufnahmeprüfung nicht bestehst, kommst du zu Villosa an das Fließband und musst

Bonbons abpacken", pflegte meine Mutter sehr eindringlich zu mahnen.
So schrecklich schien diese Aussicht gar nicht einmal, denn bei „Villosa" durfte man, so hieß es jedenfalls, bei der Arbeit Bonbons naschen, so viel man nur mochte. Also gar keine so schlechten Zukunftsaussichten – oder? Bedenken kamen erst bei weiterem Nachdenken. Verführerische Schokoladenbonbons mit leckerer Füllung – ja vielleicht –, doch auf Dauer gesunde Hustelinchen? Dann doch lieber Schule!
Aber zurück zum Kern der Sache – zur Hustelinchendose. Bei uns daheim erhielten diese Dosen nämlich einen anderen Inhalt und das ganz besonders zur Weihnachtszeit. Viereckig und sehr geräumig waren sie geradezu ideale Vorratsbehälter für die Weihnachtsplätzchen. Mutter war eine sehr gute Bäckerin, und ich kann mich nicht erinnern, dass damals je Weihnachtsplätzchen gekauft wurden.
Lebkuchen, Printen, Makronen, Spekulatius, Spritz- und Schwarz-Weiß-Gebäck, vielerlei Plätzchensorten und besonders die herrlichen Nusstaler mit der köstlichen Zuckerrumglasur und einer Haselnuss in der Mitte, alles, was das genäschige Weihnachtsherz begehrte, wurde von meiner Mutter scheinbar ohne Mühe und in nie versiegender Menge gebacken.
Und diese guten Dinge wurden dann in den Huste-

linchendosen aufbewahrt. Lagenweise nach Sorten und immer sorgfältig getrennt durch braunes Pergamentpapier. Hatten diese Dosen eigentlich einen Boden? Der Inhalt schien mir damals wunderbar unerschöpflich!

Vier dieser Dosen standen hinter dem Sofa im Wohnzimmer. Was für ein idealer Platz, und wie oft habe ich auf diesem Sofa heimlich eine Handvoll dieser Köstlichkeiten genascht. Die Dosen füllten sich ja stets wieder mit wundersamer Regelmäßigkeit.

Doch wie hat meine Mutter all diese Weihnachtsherrlichkeiten neben ihren vielen anderen Aufgaben eigentlich schaffen können? Wie selbstverständlich erschien mir das Haben- und Nehmenkönnen damals, und wie gerne denke ich heute daran zurück und bin dankbar.

Trotz Mutters Weihnachtsbäckerei habe ich lange Jahre fest an das backende Christkind und seine fleißigen Engelshelfer geglaubt und am Abendhimmel das Anheizen und Glühen der Himmelsbacköfen herbeigesehnt.

Auch heute backt das Christkind noch immer für mich, wie es auch dann für mein Kind gebacken hat. Der rosige Weihnachtshimmel und die alte Blechdose auf meinem Küchenschrank führen mich geradewegs zurück nach Hause in die Kinderweihnachtszeit. Danke, Mama!

Peter Biqué

WEIHNACHTSTHEATER IN INTERNAT

Mitte der 1960er Jahre wohnte ich – ein vierzehnjähriger Obertertianer – in Jupiters Internat für auswärtige Schüler im schönen grünen Odenwald. Jupiter, knapp fünfzig, mit kantiger Nase und einem ironischen Blick hinter seiner Lesebrille, konnte Latein lesen und sprechen wie ein alter Römer, wie Ciceros Zwillingsbruder, und er verstand sich besser auf die Mathematik als ein ägyptischer Pyramidenbauer aus der Zeit von Pharao Chephren.

Er führte sein Haus unter dem Leitstern des alten Preußentums. Ihm war offenbar entgangen, dass Preußen nicht mehr existierte, und so mussten seine Zöglinge die klassischen alten Tugenden verinnerlichen – sie mussten Disziplin, Sorgfalt, Pünktlichkeit, Zuverlässigkeit und Fleiß verinnerlicht haben und außerdem noch die bedingungslose Liebe zu dem Philosophen Schopenhauer und zur Schönheit der lateinischen Sprache, wenn sie nicht in ständigem Konflikt mit ihrem Chef leben wollten.

Denn der Chef Jupiter war bei Verstößen gegen die Hausordnung, sein Tugendtabellarium, gern bereit, uns mit drastischen Strafarbeiten zu bedenken, die im Abschreiben von lateinischen Texten oder klassischen Balladen von Friedrich Schiller wie „Die Götter Griechenlands“ und „Die Kraniche des Ibykus“ bestanden.

Aber wenn wir Theater spielten, kam Abwechslung in unseren Internatsalltag. Die Proben begannen schon bald nach den Sommerferien. Zuerst mussten die Rollen verteilt und die Texte kopiert werden (was damals noch eine Rank-Xerox-Maschine erledigte), und dann wurden die ersten Szenen versucht. Die drei Aufführungen waren am dritten Advent und am Montag und Dienstag darauf, bevor es nach Hause in die Weihnachtsferien ging.

In Jupiters Internat spielten wir damals Theater für Eltern, für besondere geladene Gäste aus Schule, Rathaus und Vereinen und dann auch für jeden, der sich dafür interessierte. Jupiters Frau Martha leitete die Inszenierung. Es gab immer ein heitererbauliches Stück, das in die Vorweihnachtszeit passte, und wenn ich mich recht entsinne, spielte ich in diesem Jahr einen Lehrer, der anfangs den knurrigen Pauker gab, sich aber schließlich zum guten Freund der Klasse mauserte. Und im Finale feierten alle zusammen Weihnachten vor einem Christbaum mit brennenden Kerzen. Ich habe jedenfalls noch ein Foto, wo ich, vierzehnjährig, einen ziemlich unnahbaren und versteinerten Gesichtsausdruck fabriziere, einen Hut auf dem Kopf habe und mit einem Zeigestock durch die Lüfte fuchtele.

Während die Beteiligten mit der Theaterprobe beschäftigt waren, setzte ich mich eines Abends für ein paar Minuten ab, um Jupiter in seinem Büro aufzusuchen. Ich hatte eine mathematische Frage, und er war ja unser versierter Experte.

Er beantwortete meine Frage souverän und erschöpfend und erkundigte sich, ob ich auch bei dem Theaterstück mitmache.

„Ja, Herr Kempen", sagte ich. „Ich spiele den Lehrer."

„Ihr wisst ja", sagte er, „dass ich mich nicht mit diesem Theaterkram befasse. Das ist die Sache meiner Frau. Für mich gehört das Theater zur leichten Muse. Damit kann ich nichts anfangen." Er lächelte verhalten und zuckte die Schultern. „Aber wir haben eine gewisse Tradition damit. Und den Leuten scheint es zu gefallen. Also machen wir es alle Jahre wieder vor Weihnachten. Was mich persönlich interessiert – das weißt du ja wohl –, ist die Lektüre der Schriften von Arthur Schopenhauer, den ich für den größten Denker der Menschheitsgeschichte halte, und außerdem pflege ich intensiv altrömische Autoren wie Seneca und Marc Aurel,

Vergil und Ovid, Horaz und Tacitus – natürlich nur in der lateinischen Originalsprache. Wenn ich noch etwas Zeit übrig habe in diesem leidigen Schülerladen“ – und hier machte er eine wegwerfende Handbewegung –, „lese ich gern auch einmal ein Werk über die preußische Geschichte. Die preußische Geschichte ist außerordentlich faszinierend.“
„Ich lese am liebsten Karl May“, sagte ich.
Niemals, vorher nicht und nachher nicht, habe ich Jupiter so redselig erlebt wie an diesem Abend in der Adventszeit. Verwundert trottete ich wieder zur Theaterprobe.
Am schönsten am Theaterspielen war die Minute, wenn das Stück glücklich zu Ende ging und das Publikum begeistert applaudierte. Dann wussten wir alle, was wir geleistet hatten. Und auch der seriöse Jupiter stand irgendwo in einer Saalecke und schmunzelte still vor sich hin. In dieser Minute machte Jupiter seinen Frieden mit dem Theaterspielen.

Peter Biqué

DIE LÄNGSTEN TAGE DES JAHRES

Das waren die langen Tage vor Weihnachten, damals in der Kindheit, die sich in der Erinnerung schon mit einem Hauch von Patina umhüllt haben, diese langen Tage, die natürlich, wenn wir objektive Kriterien anlegten, genauso lang waren wie andere Tage auch.

Aber glaubt mir, die objektiven Kriterien lügen; in Wirklichkeit sind die letzten Tage vor Weihnachten tatsächlich länger gewesen als andere Tage mitten im Jahr, denn niemals sonst waren wir so erfüllt von der Erwartung, von der Spannung, wie es denn diesmal sein würde, und das beileibe nicht nur wegen der ersehnten Geschenke, sondern auch wegen der schönen Stimmung, der geradezu heiligen Momente, wenn wir vor dem Weihnachtsbaum standen mit seinen flackernden Kerzenlichtern, seinen glänzenden Kugeln und seinem lockig-weißen Engelshaar und seinem silbernen Lametta, und wenn wir erst einmal verhalten „Stille Nacht, heilige Nacht" sangen, die ganze Familie mit den

Eltern und den Großeltern und Onkeln und Tanten und Cousinen, und ich weiß noch wie heute, dass ich immer ein wenig unsicher war, ob ich auch die richtige Tonlage traf ...

Ach du liebe Zeit, wie peinlich wäre es mir gewesen, wenn ich vielleicht einen falschen Ton in diese Weihnachtsharmonie hineingejagt hätte ... Deshalb intonierte ich meinen Gesang während der ersten Takte noch recht leise und behutsam und dachte: Wenn ich falsch singe und mich leise zurückhalte, dann hört man es vielleicht nicht, und nach und nach wurde ich sicherer und ließ meine Stimme fast so laut erklingen wie Onkel Franz. Denn das Merkwürdige war, dass sie offenbar alle so dachten wie ich, und allmählich wurde unser Stille-Nacht-Lied, das so verhalten begonnen hatte, immer lauter und fröhlicher, bis wir zum Finale hin einen regelrechten Gesangsvulkan abfeuerten, ein sprühendes und explodierendes Vokalfeuerwerk losließen, weil sich alle freuten, dass wir die Sache ohne größere Pannen über die Strophen gebracht hatten ...

Da hatten wir die Idee von der stillen Nacht völlig in ihr Gegenteil verkehrt, aber alles war so innig und lebendig, dass es trotzdem wunderschön war.

Als wir dann noch „O Tannenbaum“ sangen und „Leise rieselt der Schnee“, legten wir von Anfang an flotter und selbstbewusster los, und unser Weih-

nachtsbaum erbebte von unserem schallenden Gesang und die Kerzenlichter erzitterten. Es war, als wollten wir mit unserem Gesang die Mauern von Jericho zum Einsturz bringen.
Das waren Momente, die man nie vergisst, und darauf wartete man immer wieder an den langen Tagen vor Weihnachten. Auch deshalb waren die Tage im Advent so lang, deutlich länger als irgendwelche beliebigen anderen Tage mitten im Jahr. Da mag die objektiven Kriterien anführen, wer will. Die Tage vor Weihnachten waren wirklich und wahrhaftig viel länger. Die Tage vor Weihnachten waren mit weitem Abstand die längsten Tage des Jahres. Das weiß ich ganz genau.